Attribué au Chevalier des L'Espinasse de l'an
Voy. Barbier et Quérard

L_{n}^{27} 19233

I

SUGER,

MOINE

DE SAINT-DENIS.

Ils se mocquent du Ciel & de la Providence :
Ils aiment mieux Bacchus & la mère d'Amour ;
Ce font leurs deux grands Saints, pour la nuit & le jour.
Des Pauvres, à prix d'or, ils vendent la substance.
Ils s'abbreuvent dans l'or : l'or est sur leurs lambris ;
L'or est sur leurs Catins, qu'on païe, au plus haut prix ;
Et passant mollement de leur lit à la table,
Ils ne craignent ni loix, ni Rois, ni Dieu, ni Diable.

Traduit de Jean Trithéme.

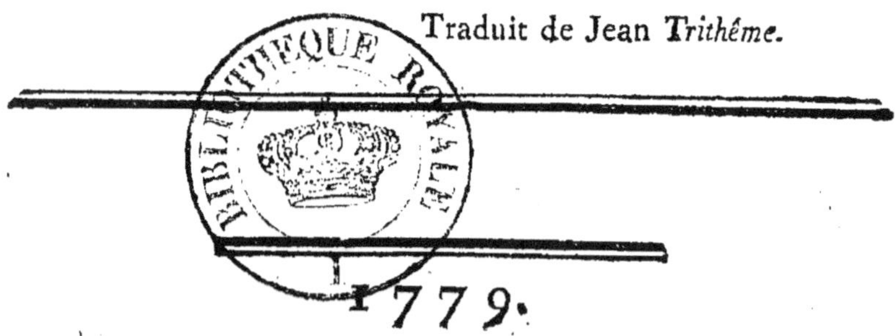

1779.

SUGER,
MOINE DE SAINT-DENIS.

L'ÉLOGE d'un Moine, propofé par l'Académie Françoife au dix-huitième fiécle, en parallèle
avec l'Éloge de Voltaire, me parut un ouvrage
fi piquant, que je projettai de m'en occuper.
J'avois recueilli toutes les circonftances de la
vie de Suger ; je les avois raffemblées pour com-
mencer fon Éloge. Quelle fut ma furprife, lorfqu'à cette lecture, je trouvai que j'avois fait fa
critique ! Mon deffein fut d'abandonner cette occupation, & de facrifier, comme un tems perdu,
celui que j'y avois employé : l'homme n'ayant de
libre, ici, que fon opinion, je ne pouvois me
réfoudre à louer ce qu'il falloit blâmer. Une longue
interruption, dans mon travail, me donna le
tems de réfléchir. Je penfai, que, fans bleffer
l'Académie, dont je refpecte l'Enfemble, & dont
plufieurs Membres me font chers, je pourrois
peindre Suger avec reffemblance. En effet, dans
le choix des Sujets que l'Académie adopte & pro-
pofe, il eft à préfumer, qu'elle a moins intention

4

d'honorer la cendre des Morts par des éloges qu'ils n'entendent plus, que de nous éclairer par leurs actions : pourvû que, de ces actions on faſſe naître des vérités qui inſtruiſent, qu'importe que leur cadre ſoit un Éloge ou une Satyre ? Pour juger laquelle de ces dénominations convient à la vie de Suger, voïons par quelles vertus il a ſçû la remplir.

On ignore l'origine de Suger. Un homme de baſſe extraction, nommé Elimand, vint le dépoſer, à l'âge de neuf ans, ſur l'Autel de Saint-Denis : il en fit l'offrande à Dieu, au nom de ſon père ; & cette offrande enchaîna ſa volonté, pour ſa vie. La ridicule autorité de Samüel, conſacré par ſes parens, avant même qu'il fût conçu ; ſervoit alors d'excuſe à cet oubli de la Nature ; & l'atrocité de ces exemples favoriſoit la pauvreté, l'ambition, & la vanité des familles.

A cette époque, le déſordre le plus honteux régnoit dans Saint-Denis : les Religieux ſe partageoient les biens du Monaſtère, & ceſſant de vivre en commun, avoient abandonné même l'habit régulier ; vêtement ridicule, à la vérité, mais qui fait remarquer un Moine, & lui ſert de frein, en le dénonçant à la défiance de la Société. Leurs guerres fréquentes avec l'Abbé, leurs anathêmes réciproques, auroient été le comble de la turpitude, ſi celle de leurs traités de paix n'eût été plus scandaleuse encore (1). La Cour & les Conciles assemblés, avoient en vain essaïé de réprimer tant d'impudence & de libertinage : il eût fallu couper la racine du mal, saisir les revenus de l'Abbaïe, les appliquer aux nécessités publiques, aux besoins de l'État, ou de ses Défenseurs ; mais alors, on eût tremblé d'emploïer ce remède efficace ; & long-tems après, la même timidité en proscrivit l'usage, lorsque l'Ambassadeur Ferrier le proposa au Concile de Trente, qui se contenta d'y applaudir.

Quelle pouvoit être l'éducation de Suger, au milieu de pareils excès ? On ne songea pas même à préserver son enfance de l'entière contagion de l'exemple. Au-lieu de le garder à Saint-Denis, où les Religieux, en plus grand nombre, s'observant mutuellement, sembloient, du moins, forcés de se respecter un peu plus ; on l'envoïa à Saint-Martin de l'Etré, azile obscur, où la mollesse & l'oisiveté réunissoient quatre ou cinq fainéans, dispensés de se contraindre, & dont la richesse entretenoit le scandale. C'est, à cette école, que

---

(1) Dans ces traités avec l'Abbé, les Moines se faisoient tous assurer le droit de manger, à leur gré, de la volaille ; 500 muids de vin, par an ; 400 bœufs, autant de porcs gras, & la dispense de rien retrancher, pour les Pauvres, de ces provisions chéries.

fut élevé le Régent du Royaume ; il y fut en-
voïé par Yves, premier du nom : cet Abbé ,
que fes Moines ne pouvoient accufer d'avoir ache-
té leurs fuffrages , fans s'avouer coupable de les
lui avoir vendus , & qui , malgré leurs réclamations & le courroux de Rome, conferva fon
Abbaye , avoit reçu la confécration de Suger ,
la même année que nâquit Saint-Bernard. Adam
qui lui fuccéda , en prit un foin particulier : il
le retira du Prieuré de l'Etré , & l'envoïa dans
une école alors fameufe , aux environs de Poitiers.
Après y avoir achevé fes humanités , Suger revint à Saint-Denis , pour terminer fes études , &
embaraffer fon efprit de toute l'obfcurité de la
Théologie : la féchereffe de ces frivoles difcuffions
n'étouffa point les dons qu'il avoit reçus de la
Nature : il s'exprimoit avec facilité , & n'étoit
pas dénué de grâces : La médiocrité de fa ftature
& la foibleffe de fes organes n'avoient point influé
fur l'activité de fon imagination ; il regagnoit , en
foupleffe , ce qui lui manquoit en force , & s'infinuoit avec fubtilité dans les efprits qu'il ne
pouvoit fubjuguer.

L'aveuglement de ce fiècle étoit fi profond ,
que malgré les irrégularités des Moines, on ne
fçavoit pas féparer ces individus méprifables, du
corps augufte de l'Eglife , auquel ils ne tiennent
que pour le déshonorer ; on croïoit refpecter

la Religion, en rendant hommage à ces Miniftres avilis; & cette perfuafion fuperftitieufe, en-
tretenue fous un mafque hipocrite, attiroit dans
les Cloîtres, les tréfors du monde, les foutiens
des Familles & les enfans des Rois : rélégués
de bonne-heure, loin des Cours, ces tombeaux,
dont frémit leur vieilleffe , les recevoient à
leur naiffance ; & pour les préferver de la flatte-
rie des courtifans, on les abandonnoit à toutes
les fupercheries des Moines ; danger plus grand,
dont l'efprit rétréci ne peut fe défendre, parce
qu'il attaque l'homme , dans fa faibleffe, en
éternife l'enfance, & le plonge dans ces pratiques
timides & puériles, qui lui rendent toujours né-
ceffaires ceux qui les lui infpirent.

Cet ufage honteux étoit dans toute fa force
fous Philippe premier : Louis, fon fils, l'héritier
préfomptif du Trône, fut livré à l'Abbaye de S.
Denis. L'adroit Suger s'appliquoit à capter fa
bienveillance : pendant que les Moines plus agés
affectoient des dehors aufteres, il cherchoit à l'a-
mufer; il y réuffit. Louis ne fut bientôt plus fe
paffer d'un complaifant auffi foumis ; & cette
habitude de la jeuneffe du Prince fut le premier
pas que fit vers la fortune le Religieux inconnu.
Rappellé à la Cour, adopté de tous les Ordres
du Royaume pour l'héritier de la Couronne,
Louis fe fouvint du fouple Suger, & s'empreffa

A 4

de l'attirer auprès de lui. Des fuccès faciles dans des commiffions particulieres, & qu'il fçut faire valoir, lui obtinrent de nouvelles marques de confiance & le conduifirent à ce point d'éléva-tion dont la fin de fes jours fut honorée, fi, pour l'être, il fuffit d'occuper de grandes places.

En attendant ces effets de la faveur de fon Maître, que fes efpérances ambitieufes entre-voyoient déjà, le Moine intrigant fupportoit avec peine le féjour du Cloître, & cherchoit fans ceffe les moyens de s'en éloigner ; le faible Adam lui en fournit de fréquens : fa prévention pour Suger ne manquoit aucune occafion de le produire, & le rendit témoin d'un fpectacle, dont fon âge devoit l'écarter.

Philippe, égaré par l'amour, fatigué de la trifte vertu de Berthe, fon Epoufe, l'avoit relé-guée à Montreuil ; il venoit d'affocier, à fon Trône, la fameufe Bertrade qu'il avoit enlevée à fon mari. Pour en impofer à la Nation, & s'étourdir lui-même, fur le fpectacle & le fenti-ment d'un double adultère, il avoit cherché & trouvé des Evêques, qui l'avoient couvert de la fanction de la Religion & des Loix : le feul Yves de Chartres ofa s'élever contre le caprice du Monarque, tandis que la moitié du Clergé le favorifoit, & que l'autre gardoit le filence. Il étoit beau, fans doute, de porter le cri de la vérité, de la justice & de la décence, jusqu'à l'oreille des Rois, presque toujours fermée pour l'entendre : mais dans ce tems, la fermeté comme la faiblesse, ne connoissoit point de bornes ; le zèle franchissoit toujours celles où il cesse d'être respectable ; & les Prélats, que leur lâche complaisance avoit déshonorés, rougissant à la voix d'Yves, ne crurent pouvoir la réparer, qu'en devenant coupables ; ils anathématiserent l'adultère qu'ils avoient consacré. Philippe espéra trouver plus de condescendance, dans le Pape, qui venoit en France tenir le Concile meurtrier de Clermont, où se décida, pour la premiere fois, la pieuse folie des Croisades ; il n'imagina pas qu'il osât rien lui refuser, lorsqu'il seroit dans ses Etats ; mais Urbain, flatté d'appésantir, en France même, sur un grand Roi, ce pouvoir, que ses prédécesseurs n'avoient encore osé emploïer que de loin, ne perdit pas l'occasion qui s'en offroit : une premiere excommunication fut prononcée dans Clermont, dans une Ville qui obéissoit au Prince qu'on outrageoit. La faiblesse de Philippe, qui se soumit, & promit de quitter Bertrade, qu'il ne quitta point, encouragea le Pontife à en prononcer une seconde, à Poitiers : l'audace du Duc d'Aquitaine, qu'une conduite plus scandaleuse attachoit à Philippe, & qui voulut le défendre par un attentat, ne servit qu'à aggraver le conrroux de Rome, & à mettre dans son parti les Peuples superstitieux & timides. Les Légats assemblés, attaqués par ses partisans, donnerent le plus touchant spectacle : on vit ces vieillards vénérables, assaillis de pierres, se dépouiller de leurs Mîtres, &, debout, la tête nue, la présenter aux coups des assassins. Une fermeté si noble en imposa : la fureur fit place au respect; & le calme en fut le premier témoignage : mais Rome irritée sévit, avec plus de fureur, & jetta l'interdit sur le Royaume. Alors, le trouble fut universel : les Eglises fermées pour le Roi, le rejettoient de leur sein; animés par l'exemple des Prêtres, soutenus de leur audace, les Sujets se croïoient sans Souverain ; & le Souverain abandonné, commençoit à sentir, que le cri de la multitude en impose au pouvoir : il fit enfin, après la mort d'Urbain, par lassitude de sa passion, ce que les foudres du Vatican n'avoient pu obtenir; il abandonna Bertrade. Sa réconciliation avec l'Eglise, retardée encore par l'orgueil du Clergé, lorsqu'il la demandoit, se consomma à Paris, où l'Evêque d'Arras voulut bien se rendre pour y présider; il est à remarquer, que ce déplacement, de sa part, fut cité dans ce siècle, comme le comble de la déférence.

On avoit rassemblé, pour cette cérémonie, plusieurs Évêques, & plusieurs Abbés; celui de

Saint-Denis y amena Suger. Le jeune Moine vit la poſture humiliante de ſon Roi , & de la Femme qu'il dépouilloit du rang de ſon Épouſe ; il entendit développer ces cauſes de ſcandale , ſolliciter par ſon Souverain une grace ridicule , dont la raiſon a , de nos jours , fixé la juſte valeur , & impoſer les conditions ſévéres auxquelles on mettoit une réhabilitation auſſi honteuſe qu'inutile : il dut ſe faire une étrange idée du pouvoir qui traitoit ainſi les Monarques , & comme Membre d'une Aſſemblée qui ſe l'arrogeoit, qui peut douter qu'il ne ſe livrât à cet eſprit d'orgueil qui caractériſe l'Égliſe dans toutes ſes hiérarchies , & principalement, les Moines , qui n'y tiennent que par leur inutilité ?

Se ſéparer de l'Égliſe , & ſe reconcilier avec elle , étoient une égale faibleſſe , de la part de Philippe : cet eſprit puſillanime , laiſſoit un libre cours à l'efferveſcence du Gouvernement féodal. Parmi ces Seigneurs , qui s'érigeoient en Tirans des Provinces , fortifioient leurs Châteaux , & faiſoient la guerre à leur Souverain, les plus redoutables étoient les Comtes de Montlhéry : le Roi , dont les cheveux avoient blanchi , avant le tems , en attribuoit la cauſe aux chagrins qu'ils lui avoient donnés. Les circonſtances amenèrent un changement , qu'il n'eut oſé eſpérer , & dont l'avis de Suger l'empêcha de profiter,

Gui Trouffel, l'aîné de cette branche, affoibli par l'âge & par les Croifades, dont il avoit fupporté les premieres fatigues, fentant fa fin prochaine, allarmé fur la deftinée de fa fille unique, qu'il devoit bientôt laiffer fans appui, voulut s'en ménager un pour elle, dans la perfonne de fon plus puiffant ennemi : il fit offrir à Philippe, d'unir l'objet de fes tendres inquiétudes, au fils qu'il avoit eu de Bertrade. Nos Rois, fuperftitieux, croïoient fanctifier leurs confeils, en y appellant des Moines : l'Abbé de Saint Denis fut invité à celui qui devoit pefer cette propofition ; Suger y vint à fa place : c'eft à ce premier pas qu'il faut l'obferver & le juger. Sa préfomption, dans un moment de défiance générale, une intrigue minutieufe, nulle connoiffance de la dignité qui convient à la conduite des Rois, nulle fageffe pour le préfent, nulle prévoïance pour l'avenir, telle eft l'opinion que doit laiffer de lui, l'imprudent Suger.

Il confeilla le mariage du fils de Bertrade, avec l'héritiére de Montlhéry ; mais en même-tems qu'il décidoit le confentement de Philippe, il infinuoit à Louis, fon fils, de paroître s'y oppofer : le motif de cette baffe diffimulation étoit, d'allarmer un pere, & de profiter de fes craintes, pour le dépouiller. Le fenfible vieillard, dont l'unique but étoit d'affurer le repos de fa fille, ne trouva rien de pénible, dans les facrifices qu'on

éxigea pour obtenir l'alliance qui le tranquillifoit :
il céda les Forterefles de Châteaufort & de Rochefort ; & ce ne fut que lorfqu'on y eut placé
une garnifon fure, que le mariage s'accomplit.

Mais Suger ignoroit que Gui Trouffel avoit un
oncle paternel, dont la valeur & les fentimens
méritoient des égards ; il revenoit, dans ce moment, de la Paleftine : il fallut craindre alors,
qu'il ne ratifiât point un accord qu'on venoit de
conclure, à fon infçû, & furtout la ceffion de
la Forterefse de Rochefort, dont il portoit le
nom. Cet oubli dont Suger avoit bleffé fes droits,
étoit d'autant plus condamnable, que jamais Gui
de Rochefort n'avoit offenfé fon maître : fa noble
loïauté l'avoit toujours éloigné de cet efprit re-
muant qui caractérifoit fa famille ; & même, avant
fon départ pour la Croifade, il avoit donné à
Philippe, une marque de déférence & défintéreffe-
ment bien rares, en lui remettant la place de
Sénéchal de France, que fon abfence n'alloit plus
lui permettre d'exercer.

Suger, inquiet, réduit à réparer une légereté,
ne fçut y parvenir que par une foibleffe. Rochefort, à fon retour, fut honoré de l'accueil le plus
flatteur : la place de Sénéchal lui fut rendue ; le
titre fi dangereux de premier Miniftre repofa fur
fa tête ; & toujours extrême dans fa conduite &
dans fa fraïeur, comme dans fes intrigues, Suger

détermina le Roi à faire époufer à l'héritier du trône, la fille du premier Miniftre, la jeune Lucianne, qui n'étoit pas encore nubile ; honneur étrange, qui n'éleva le généreux Rochefort, que pour rendre fa chûte plus accablante.

Dans le moment même, où la Nation trouvoit de la difproportion dans cette alliance, la maladreffe de Suger la fit encore mieux fentir : il décida le Roi à donner Conftance, fa fille, à Boëmond, Prince d'Antioche & de Tarente. Sa naiffance, fa valeur, & fes actions héroïques le mettoient au rang des plus grands Princes de fon fiécle ; & le rapprochement de ce fecond mariage rendoit le premier plus défavorable encore ; mais il fuffifoit à Suger de fe mêler dans toutes les intrigues ; enorgueilli d'une influence quelconque, le fuccès ne l'occupoit gueres : fa conduite au Concile de Poitiers, en offre une preuve nouvelle.

Il fut choifi, pour y repréfenter, de préférence à tous les Religieux de Saint-Denis ; & rien n'eft plus plaifant, que la raifon de ce choix : il nous apprend lui-même, que ce qui le détermina fut qu'il fortoit récemment de fes études ; c'eft peindre en un trait le difcernement & les connoiffances qui régnoient alors dans les cloîtres ; auffi ne parut-il dans ce Concile, qu'un perfonnage muet. C'étoit le moment de s'oppofer au zèle aveugle, qui dépeupla la France, & engloutît prefque

toute la Nation dans les tombeaux de la Paleſ-
tine : c'eſt à ce premier pas qu'il falloit l'arrêter,
& qu'un ſeul homme eût pû lui ſervir de bar-
rière ; mais il falloit de la force, du courage & de
l'éloquence, mais il falloit prévoir ; il falloit un
autre flambeau que Suger, pour éclairer tant de
généreux inſenſés. Un nombre infini prit la croix :
tous partirent avec le Prince Boemond, qui em-
mena ſa nouvelle épouſe ; & Suger ne vit, dans la
fin du Concile, que l'agrément de pouvoir retourner flatter, à la Cour.

Mais une fois, on va lui rendre juſtice, & ſous
les yeux du Pape même, l'apprécier, ainſi que les
autres Moines, à ſa juſte valeur.

Les différends qui diviſoient, depuis longtems,
le Pape & l'Empereur, au ſujet des inveſtitures,
avoient dégénéré en guerre ouverte. Paſcal étoit
venu en France implorer les ſecours du Roi,
contre Henri. Des Députés de tous les Ordres de
l'État allerent au-devant du Souverain Pontife :
l'Abbé de Saint-Denis devoit répréſenter l'Ordre
Monaſtique ; mais, ſelon ſon uſage, ce fut encore
Suger qu'il chargea de cette repréſentation. Ce cor-
tège nombreux, qui devoit honorer le ſéjour du
Pape dans le Roïaume, ſe réunit à la Charité ſur
Loire, où Paſcal s'étoit rendu, pour conſacrer
l'Egliſe.

Avant & après la cérémonie, Galon, Evêque

de Paris, ému par la présence de Suger, ne put contenir sa juste indignation contre les Moines de Saint-Denis, & contre leur représentant : il mit sous les yeux du Souverain Pontife, le tableau scandaleux de leurs désordres, leur vie licentieuse, la discipline offensée, la subordination méconnue, l'ordre hiérarchique renversé, l'indépendance dans les cloîtres, & la révolte contre les Evêques. La vérité prétoit toute sa force à l'éloquence de Galon : Suger, que d'abord elle rendit muet, essaïa d'y repondre ensuite, en s'étaïant de l'autorité de quelques prétendus priviléges ; mais il fallut bientôt se taire, abaisser son arrogance, offrir à son Evêque une humble satisfaction, au nom de son Monastere, & lui faire la fausse promesse d'éviter de pareils excès. L'orgueil de Suger a tenté de nier cette humiliation méritée ; mais, les fastes de l'Eglise de Paris l'ont consacrée pour le bon éxemple.

Sensible à ce désagrément, craignant l'impression que la véhémence de Galon pouvoit avoir laissée dans l'esprit du Pape, il s'empressa de l'effacer par un discours à la louange du Pontife, & par toutes les adulations basses & les soumissions dont le Saint Siège étoit si jaloux : il l'accompagna dans toutes les villes du Roïaume, jusqu'à son arrivée à Saint-Denis, où Pascal parut vouloir séjourner quelque tems. C'est à la premiere idée de ce pro-

jet,

jet ; que l'esprit monachal, son avarice & son astuce se montrent dans tout leur jour. Loin d'être flattés de cette préférence, les Moines se la répré-sentent comme un dessein de les dépouiller, de ra-vir leurs trésors ; ils veulent les ensevelir, en dissi-muler au moins la richesse ; ils songent même à lui en refuser la vüe : ils tremblent, ils se consul-tent pour trouver les moïens de l'engager à choi-sir un autre azile ; enfin, surpris par sa présence, ils éprouvent toutes les agitations d'une lâche cupidité : juste supplice que le noble désintéresse-ment de Pascal fit trop-tôt cesser.

Il partit pour le Concile, qui devoit mettre fin à la longue querelle des investitures ; c'est, à Troyes, qu'il étoit convoqué : sous prétexte de s'y rendre, il passa par Châlons, où s'étoient arrêtés, sans vouloir avancer davantage, les Ambassadeurs de l'Empereur. Suger, que son intrigue sçavoit insinuer partout, fut encore de ce voïage ; il fut témoin du faste, de la hauteur des Ministres Alle-mands, & de l'inutilité de cette entrevue.

Le Concile se passa tout entier, en discussions étrangères à son objet ; mais l'orage, que Suger avoit élevé sur la France, devoit y éclater. Le mariage de Louis avec Lucianne, y fut déclaré nul ; Suger, qui en avoit formé les nœuds, les vit anéantir, sans rompre le silence, & sans dé-fendre, au moins son ouvrage : qui peut douter

B

qu'il n'ait été le premier acharné à le détruire, à renverser ce fatal monument de sa légéreté ; qu'il n'ait dirigé la conduite de Louis, livré à fes confeils, & qui n'eut jamais ofé prendre un parti que fonFavori auroit condamné? L'expérience a prouvé trop fouvent, que les fautes des Rois font celles de leurs Miniftres ; tant d'exemples ont accoutumé nos yeux à ce fpectacle, qu'il eft prefque familier : mais, qu'un Concile, mais que des hommes raffemblés, dont la foule, au moins, devroit affurer l'opinion, foient auffi lâches qu'un feul homme; voilà ce qu'on ne peut croire, ce que l'on voudroit oublier, & ce que l'hiftoire nous rappelle.

Rochefort, indigné, ne s'abaiffa pas à la plainte : pour montrer, qu'il ne vouloit pas même efpérer de retour, il maria auffitôt fa Fille à Guichard de Beaujeu, & fe fit un plaifir de prévenir les nôces du Roi avec Alix de Savoye, fa feconde Femme : il ne voulut plus refter dans une Cour, où le mérite étoit méconnu, & remit la charge de Sénéchal. Il fuffifoit alors d'être l'ennemi d'un homme opprimé, pour être revêtu de fes dépouilles : auffi cette place fut-elle donnée à l'aîné des Garlandes. Ce dernier trait, qui rend Suger plus coupable, décida le reffentiment de Rochefort ; il ne connut plus de bornes, & ne refpirant que la vengeance, il s'unît aux Comtes de Champagne, & aux autres ennemis de l'État : une guerre cruelle dévafta le Royaume ; & , fans doute, elle eût été plus funefte , fi la mort de Guï de Rochefort n'eût fufpendu la fureur de ce fléau.

Le Concile, affemblé à Troyes, pour décider la grande querelle des inveftitures, ne régla rien fur cette affaire, & fembla ne s'être réuni, que pour féparer, fous les apparences d'un fcrupule religieux, le jeune Prince qu'on vouloit flatter, d'une Femme dont on ne pouvoit rien attendre. C'eft ainfi . . . .

Les proteftations des Ambaffadeurs de l'Empereur, leurs plaintes fur le choix qu'on avoit fait d'une Ville étrangère , pour affembler le Concile, & furtout, l'armée formidable qui foutenoit leur miffion, & prefcrivoit de les fatisfaire, engagèrent le Pape à indiquer un nouveau Concile, à Rome, pour l'année fuivante. Toutes les intrigues de Suger n'eurent alors d'autre objet que de fe procurer l'agrément d'y affifter. La foupleffe de fon caractère, fa facilité à fe plier à tous les rôles, la faveur que le jeune Roi fembloit lui témoigner, les éloges qu'il avoit donnés au Pape , à l'inftant même où il en avoit été mal-traité, cette fléxibilité, & de fourdes menées, firent efpérer au

Pontife, qu'il pourroit tirer parti de son ambition : Pascal se détermina donc à l'y inviter ; & fier de ce succès, le Moine orgueilleux alla jouir, dans l'Abbaye de Saint - Denis, de cette préférence mendiée.

Il languissoit dans le fond de son Cloître lorsque la mort de Philippe ouvrit une carrière plus vaste à son ambition, & le plaça sur un plus grand théâtre. Le jeune Roi, toujours fidèle à son Favori, lui donna l'ordre de conduire le corps de son père, à Saint-Benoît sur Loire, & de venir ensuite le rejoindre, à Orléans, pour assister à son Sacre. On croit peut être, qu'il n'étoit réservé qu'à notre siécle, de voir insulter à la cendre d'un Roi, par les lâches courtisans que sa faveur avoit le plus comblés ; d'oublier, pour un instant d'erreur, ces qualités sensibles, ces vertus guerriéres, cette bonté populaire, cette franche délicatesse qui caractérise l'honnête-homme & que les Rois semblent dédaigner, en un mot tous ces dons précieux qui lui mériterent le nom de Bien-Aimé, & d'offenser sa mémoire, sous les yeux tranquilles de la Nation : mais ces indignités, qui paraîssent toujours sans exemple à la vertu qu'elles révoltent, sont communes à tous les siècles ; & celui de Philippe en offrit un modèle : à peine ce Prince eût-il fermé les yeux, que Suger ne l'épargna plus. Ni les bontés du Fils qui devoient enchaîner son opinion fur le Pére, & le contraindre au refpect; ni le devoir de fujet, ni le caractère de Religieux, ne purent retenir les difcours infultans de Suger. Philippe n'avoit pas affez honoré l'Église de Saint-Denis, ne s'étoit pas dépouillé pour elle, n'avoit pas enchéri fur les largeffes de fes prédéceffeurs : fa munificence avoit préféré le Prieuré de Saint-Martin des Champs. On fent combien de pareils torts font graves; combien un Prince, qui s'en eft rendu coupable, eft indigne de régner; *il ne peut, comme le dit Suger lui-même, être admis dans le tombeau de fes peres & figurer parmi tant de Héros & de grands Princes qui s'y trouvent.*

Cette audace manifeftoit une avarice bien profonde. Il eft aifé de penfer, qu'avec une femblable paffion, ce fut à la fatisfaire, que Suger emploïa toute fa faveur : auffi le premier parti qu'il fçut en tirer, fut de réunir, fur fa tête, les riches Prévôtés de Berneval & de Toury. La prife de poffeffion de fes nouveaux Domaines, le foin de les améliorer, affoupirent, d'abord, un peu fon ambition. Les biens dépendans de Berneval, étoient opprimés par les Officiers d'Henri, Roi d'Angleterre : le crédit du Moine, auprès de Louis, le fit aifément triompher. Il étoit plus difficile de recouvrer tous les droits de la Prévôté de Toury; mais, quand le Roïaume auroit dû périr, il falloit que Suger reçut toutes ſes dixmes, & ne fût pas privé d'une obole de ſes revenus.

Toury étoit dans le voiſinage du Seigneur du Puiſet. Depuis pluſieurs générations, cette Famille étoit la terreur & le fléau du Païs de Chartres & d'Orléans ; il avoit enchéri ſur les excès de ſes prédéceſſeurs, pilloit les terres, enlevoit les beſtiaux, réduiſoit même les Habitans à l'eſclavage : ces deux Provinces ſouffroient ſes véxations ; &, depuis que Philippe avoit envain tenté de les réprimer, on ne penſoit plus à les punir ; mais, dès que Suger aura porté ſes plaintes, tout va s'armer, pour le ſoutien de ſes droits : trop adroit, pour ſe montrer lui-même, à la tête d'une entrepriſe dont il doit retirer tous les fruits, il engage les Seigneurs du voiſinage à implorer l'appui du Roi. La Comteſſe de Chartres étoit veuve & belle : le jeune Prévôt la cultivoit avec ſoin : c'eſt, par ſa voix, qu'il ſollicite un ſecours, de ſon Maître, & que ſa vengeance eſt aſſurée. Il ſuffiſoit, que l'honneur du Saint-Patron de la France, fût attaqué, & les intérêts de Suger compromis ; Louis ſe chargea d'une entière ſatisfaction : un Conſeil fut aſſemblé, pour délibérer ſur le parti qu'on devoit prendre ; Suger eut ſoin de le compoſer de Prélats & d'Abbés qui tous avoient à ſe plaindre d'Hugues du Puiſet : le réſultat de ſes délibérations ne fut pas douteux. Hugues, mandé pour venir rendre compte de sa conduite à ce Tribunal, dédaigna même de répondre : il est déclaré coupable de Léze-Majesté Divine & humaine. Le Roi marche, à la tête d'une Armée, s'avance devant la Forteresse, & le somme de la rendre. « Mon Château, répond-il, est à celui qui pourra » me prendre mon épée ». Louis, furieux de cette réponse insultante, ne songe pas même, que c'est son Moine avare, qui lui vaut cet outrage ; il ordonne l'attaque ; ses troupes sont repoussées : il s'obstine & fait le siége de la Place.

Les dépenses, le sang que coûta cette entreprise, ne peuvent se concevoir. Toutes les forces du Roïaume étoient réünies, & vinrent échoüer devant une tour de bois, qu'en deux heures cent hommes prendroient aujourd'hui. L'espoir de la Nation, la plus brillante Noblesse périt, en ce jour, pour la querelle d'un Moine.

Cette résistance vigoureuse qui ne faisoit qu'irriter l'opiniâtreté du Roi, commençoit à épouvanter Suger : il sentoit que son avarice avoit seule engagé cette expédition funeste ; & le cri secret de sa conscience prévenoit le reproche de la Nation. Cette réflexion, dans un tems où la même main pouvoit porter le glaive & le Calice, auroit décidé tout autre que Suger, à profiter du privilége de son siécle, pour se montrer à la tête de fes vaffaux ; & faire un généreux effort ; mais en defirant les avantages qu'auroit pu donner la victoire, les périls qui y conduifent, répandoient l'effroi dans fon ame : coupable de tous les meurtres qui fe commettoient, il fe tenoit lâchement à l'écart ; & , dans le trouble où le jettoient fes fraïeurs, il avoit encore la prétention d'imaginer des machines de guerre dont la feule defcription doit le couvrir du ridicule qu'il mérite. (2)

---

(2) Il avoit imaginé d'affembler plufieurs chariots, qu'il avoit chargés de bois fecs & de matières combuftibles ; on devoit les approcher des paliffades & y mettre le feu ; le vent devoit porter les flammes fur les Affiégés, & les empêcher d'approcher, pour fe défendre ; pendant leur abfence, les troupes du Roi devoient monter à l'affaut : mais, avec tout fon efprit, Suger n'avoit pas prévû, que ces mêmes flammes, qui repouffoient les ennemis, agiffoient avec la même violence, fur les Affiégeans : cet abfurde défaut de calcul, rendit leur valeur inutile. Le Roi étoit furieux de trouver une femblable réfiftance ; Suger l'amufa par une folie encore plus outrée que la première. Ce fameux Général propofa de creufer une cave, qui aboutiroit fous le Château ; il vouloit, qu'à mefure qu'on avanceroit, on foutînt les terres avec des planches, & qu'on remplît le fouterrain de fagots : lorfque tout feroit achevé, on devoit y mettre le feu ; les planches, en fe confumant, devoient laiffer effondrer les terres, & ouvrir un précipice qui engloutiroit le Château du Puifet : il falloit un fiécle, pour exécuter un femblable projet.

Le hazard fit enfin ce que le courage avoit tenté vainement (3): il ouvrit la place ; & le Roi vit son sujet à ses pieds : c'étoit le moment qu'attendoit la cupidité de Suger ; elle lui donne des aîles ; il arrive, félicite Louis, & sous le voile du désintéressement, il ne demande rien, que, pour l'honneur de Saint-Denis, & la gloire du Monarque : touché de ces deux motifs respectables, le Prince lui rend avec profusion, les biens usurpés sur la Prévôté de Toury, la fait fortifier, à ses dépens ; & revêtu du titre de Gouverneur, Suger commande dans la place.

Une fois que sa vengeance & son ambition furent satisfaites, il oublia tous ceux qui avoient concouru à la ruine de son ennemi : le jeune Comte de Blois, à qui Suger devoit le plus, voyant le Moine retirer, à lui seul, tout le fruit

---

(3) Tandis que Suger n'avoit que d'insipides rêveries à proposer, un brave Curé, dont Hugues du Puiset avoit pillé la cave, jugea que, pour ne pas lui donner le tems de boire son vin, il falloit user de moïens plus prompts ; il monte seul, par un côté, où personne ne s'étoit encore présenté, rompt la palissade, & s'ouvre un chemin : témoins de son danger, quelques-uns de ses Paroissiens volent à son secours ; les troupes accourent ; la brêche s'aggrandit, & chacun rougit d'avoir attendu l'exemple d'un Prêtre, pour se signaler.

d'une entreprise pour laquelle il n'avoit rien risqué, voulut, du moins, s'en assurer quelque avantage: il fit élever une Forteresse, sur les frontières des terres du prisonnier, pour arrêter, à jamais ses violences, si, dans la suite, il obtenoit sa grace, & vouloit continuer ses tirannies. Suger, que cette place pouvoit empêcher de dominer seul, dans le Païs, en arrêta la construction; & Louis, dirigé par ses avis, trouva qu'on ne pouvoit la bâtir, sans blesser ses droits. Le Comte prétendit, qu'il en avoit obtenu la permission, quand il avoit joint ses troupes à celles du Monarque; le Prince protesta, qu'il n'avoit jamais donné un pareil consentement ; on s'echauffa : cette querelle, où Suger avoit engagé son Maître, devint des plus vives; & le résultat fut encore de compromettre le Roi, au point de recevoir un démenti.

L'usage de ces siècles étoit de soutenir ses prétentions, par son épée; le bon droit étoit toujours pour le vainqueur. Il seroit cruel de regretter ces tems de barbarie; mais, au milieu des détours où la chicane s'enveloppe, du pillage autorisé auquel elle se livre, des longueurs qui l'éternisent, des pièges qu'elle tend à la Justice, & de ses ruses pour l'y faire tomber, on trouveroit mille fois préférable de se battre, que d'entamer un procès. La même équité des Rois qui, de nos jours, au-

torife leurs Sujets, à les appeller devant les **Tri-**
bunaux, les portoit, dans ce tems à foumettre
leurs droits au fort des armes. La plupart des formes étoient les mêmes : fi elles prefcrivent aujour-
d'hui, de plaider par repréfentans, elles permet-
toient de les employer dans les duels ; & les offen-
fés fe battoient auffi, par Procureur. Le Roi donna
donc fes pouvoirs à Anfel de Garlande ; & le
jeune Comte de Blois, à qui fon âge défendoit de
fe mefurer en perfonne, (car il falloit être majeur,)
remit les fiens à André de Beaudemont, fon Sénéchal & fon parent.

Mais, fi les Princes trouvent bon qu'on leur
préfente le combat, ils daignent fouffrir de même,
qu'on les empêche de s'y expofer : auffi le confeil
de Louis, & c'étoit Suger, lui perfuada d'ufer
du noble moyen de retirer fa parole. Garlande,
en effet, pouvoit être tué ; & , dès-lors, il eût été
clair, qu'un menfonge étoit forti de la bouche
d'un Roi. Privé de cette fatisfaction, le Comte de
Blois fçut en trouver une autre, en déclarant la
guerre à fon Souverain ; & foutenu de fon Oncle,
le Roi de la grande - Bretagne, il la fuivit avec
fureur. Au milieu de ces troubles, dont l'État
ne pouvoit accufer que Suger, on va le voir lui-
même occupé de rendre la liberté au Seigneur du
Puifet, & fe laiffant tromper par fon adreffe, dé-
chaîner un ennemi qui doit ajouter, aux embar-

fas de la France; tous les malheurs & toutes les dépenfes d'une guerre nouvelle.

Eudes, Comte de Corbeil, fut tué à la bataille de Lagni (4): il fuffifoit, qu'il fût mort, armé contre fon Roi, pour que fes biens appartînffent à la Couronne; mais cet ufage n'étoit pas encore confacré. Le jeune Comte de Blois avoit des prétentions fur Corbeil; il étoit important dans ces circonftances, que cette place ne fût pas remife entre fes mains: on pouvoit oppofer, à fes droits, ceux du Seigneur du Puifet, neveu du Comte de Corbeil; & Suger, fans prévoir tous les dangers de fa démarche, fe chargea de le déterminer à une renonciation, au profit du Roi. Il n'étoit pas difficile de tout obtenir d'un homme qui, chaque fois qu'on ouvroit fa prifon, croïoit qu'on alloit le conduire à la mort. Le Négociateur s'y prit avec tant de mal-adreffe, qu'il lui fit connaître le befoin qu'on avoit de lui: il ne manqua pas de

---

(4) Le Comte de Corbeil étoit un de ces Seigneurs, qui, dans ces tems, forts de la foibleffe des Rois, afpiroient fouvent à ufurper leur dignité, & fe livroient, entre les quatre ponts-levis de leurs Châtels, à des rêves fuperbes. En s'armant pour aller faire la guerre à Louis-le-Gros, il dît gravement à fa femme : *Comteffe, apportez-moi vous-même cette épée ! C'eft un Comte, qui la reçoit de vos nobles mains; c'eft un Roi qui vous la rapportera, teinte du fang de fon ennemi.*

s'en prévaloir, pour aſſurer ſa liberté, & la reſti‑
tution de la terre du Puiſet. A ce mot, les terreurs
de Suger ſe réveillent, il voit déja ſa Prévôté rui‑
née; il quitte bruſquement le priſonnier, & ſous
prétexte d'aller porter ſes conditions au Roi, il
ne penſe qu'à le détourner de les accepter : qu'im‑
porte, en effet, à Suger, que ſon Maître, que
ſon bienfaiteur acquiere une place qui fait ſa ſû‑
reté, quand ſes intérêts particuliers ſont menacés ?
Louis n'écouta point ſon oppoſition ; & le Prévôt
de Toury, avant qu'on ne briſât les chaînes du
Seigneur du Puiſet, chercha, du moins, à lui
donner quelques entraves : il lui fit jurer de ne
point ſe fortifier, ſans le conſentement du Roi,
& ſurtout, de remettre les impôts, qu'il avoit levés
autrefois ſur la Prévôté. La paſſion eſt toujours
aveugle, & ſon avarice fut alors en défaut: car,
en enchaînant ſon Ennemi, pour le paſſé, le même
ſoin étoit néceſſaire pour l'avenir ; & c'eſt ce qu'il
n'eut pas l'eſprit d'imaginer. Hugues ſentit toute
l'étendue de ces conditions & promit tout. Sa li‑
berté épouvante Suger : l'ambition ne l'arrête plus
à la Cour ; il ne ſonge qu'à veiller ſur ſes biens;
il vole à ſa Prévôté.

Du Puiſet arrive dans ſon Château : de quels
tranſports ne ſe trouva-t'il pas agité, en contem‑
plant ſes ruines encore fumantes ? Il roule ſes
yeux animés ſur ces témoins de ſon outrage: dans

fa prifon ; il falloit contraindre fa fureur ; ici ; tout la réveille : il eft libre ; il ne l'eft que pour venger fa captivité : Suger en eft l'auteur ; c'eft lui que fon reffentiment doit chercher. Qui croiroit, que le foin de fa sûreté perfonnelle n'éclaira pas même ce Moine préfomptueux ? Le Roi étoit allé en Flandres ; ce tems parut favorable au Seigneur du Puifet : une haine commune l'unit au jeune Comte de Blois, alors Comte de Chartres. Ce dernier, feignant de vouloir fe réconcilier avec le Roi, va prier le Religieux d'être l'arbitre de cette paix. L'orgueil eft un charme puiffant ! Suger n'a pas un doute : flatté de la déférence qu'on lui témoigne, fe promettant bien de recueillir tout l'honneur d'une négociation qu'il fçaura peindre au-delà de toute efpérance, il fe hâte de quitter Toury ; il en confie la garde à un Moine affez brave, qu'il décore du titre de fon Lieutenant. A peine eft-il parti, que le Seigneur du Puifet & le Comte de Chartres raffemblent leurs troupes & viennent mettre le fiége devant la Prévôté. Sans fe douter de ce qui fe paffe, Suger continue fon voïage ; il fut moins long qu'il ne s'y attendoit : le retour du Roi fufpend fa route : comblé d'un hazard fortuné qui le met en état de l'entretenir plutôt d'un fuccès dont il fe promet tantde gloire, il s'empreffe de le joindre ; & fa vanité commence un récit qu'elle fe complaît à allonger. Un souris humiliant remplace les transports de joïe qu'il s'attendoit à faire naître. *Retournez à Toury*, lui dit le Prince, *si vous pouvez y pénétrer!* Ce mot n'éclaire point encore Suger : son orgueil ne lui permet pas de penser qu'on a pu le tromper ; il faut le lui apprendre. Honteux de sa stupide confiance, il se dérobe aux railleries des courtisans, & cherche à regagner sa demeure, pour y cacher sa confusion ; mais il falloit passer à travers les Ennemis : il hésite ; enfin, se fiant à l'obscurité de la nuit, favorisé par le sommeil profond où se reposoient les assiégeans des fatigues de la journée, il arrive au milieu de ses Religieux armés. Dans la joïe de son retour inespéré, tous demandent le combat : mais, le Moine n'avoit que trop couru de dangers ; son Maître approchoit, & il vouloit lui laisser l'honneur de la victoire : il se contente d'insulter, à l'abri des murs de sa Forteresse, l'ennemi avec lequel il craint de se mesurer. Cette conduite du lâche ne mérite que du mépris ; elle irrite les assiégeans : l'assaut se renouvelle avec plus de fureur ; & la place eût été emportée, sans l'arrivée soudaine de Louis, qui força les rebelles de lever le siége & de se retirer dans le Château du Puiset. L'attaque de cette place est résolue ; &, pour la seconde fois, la querelle d'un Moine y rassemble toutes les forces du Royaume : le Roi lui-même, avec la honte d'être plusieurs fois repoussé, ne courut jamais d'aussi grands dangers; & tandis que des flots de sang couloient, que l'État se ruinoit en dépenses, ce Moine impudent & avare, qui devoit recueillir tout le fruit de cette folle entreprise, trouvoit que le séjour de l'armée sur ses terres, lui étoit à charge: ces troupes, campées pour le défendre, dévastoient, disoit-il, ses champs; & son avarice aveugle, sacrifiant, au présent, tous les avantages à venir, tenta d'éloigner le Roi, de Toury.

Cependant, Louis, plus acharné que jamais, ne vouloit pas, malgré tant de revers, malgré l'avis de ses Généraux, le vœu même de Suger, abandonner la vengeance de son favori: toute la Noblesse du Roïaume auroit péri devant cette Place, si le Comte de Chartres, blessé par hazard, n'eut demandé à rentrer en grace; il l'obtint, sous la loi d'abandonner son allié, qui, privé de son secours, hors d'état de lutter seul contre les forces du Roi, chercha son salut dans la fuite. Le Château du Puiset fut détruit: Suger fit encore ajouter à ses Domaines; & tranquille sur ses possessions, sa vanité se réveilla; il ne songea plus qu'à se rendre à Rome, pour le Concile, que sa cupidité lui avoit fait oublier.

L'époque, où il devoit s'assembler, avoit été retardée. Le jeune Henri, héritier des États & des

des reffentimens de fon pere , s'étoit préparé à finir fes différens , par une voie plus courte que celle des décifions d'un Concile. Quoique fon voïage à Rome fut annoncé comme un pélerinage, il fe mit en route, avec une Armée redoutable : tantôt pélerin , tantôt guerrier , il s'ouvrit partout un paffage. La ville de Novarre ofa lui fermer fes portes : il l'attaque, l'emporte d'affaut, la livre aux flammes , fait paffer les habitans aux fil de l'épée ; & reprenant le bourdon , continue fa route, fans obftacle : il n'en craignoit que de la part de Mathilde ; Ses États étoient fur fon chemin , & il connoiffoit fon affection pour les Papes. Veuve , à 22 ans , & parfaitement belle , Grégoire V I I , fut le premier , qui l'avoit attachée au S. Siége ; elle avoit fuivi ce Pontife , dans tous fes voïages : Victor I I I , & Urbain I I, l'avoient trouvée difpofée au même zèle. Cette fidélité héréditaire allarmoit l'Empereur : il craignoit que Pafcal I I , n'eut confervé les mêmes droits fur Mathilde ; mais , ce Pontife, oubliant tous les fervices , que , depuis vingt ans elle rendoit aux organes du Saint-Efprit , lui avoit fait fentir , qu'après huit luftres , elle devoit prendre un Epoux : elle avoit, alors, 63 ans ; elle étoit mariée , & n'étoit plus, à Pafcal I I , ce qu'elle avoit été à Grégoire , à Victor , & à Urbain. L'empereur avoit repris le ton de pélerin ; &

C

féduite par ce ton, elle s'empreſſa de lui ouvrir un paſſage.

Il arrive à Rome. La querelle des inveſtitures recommence avec plus de fureur. Henri ne veut rien céder de ſes droits : le Pape refuſe de le couronner. On s'abandonne à tous les excès : l'Egliſe même eſt enſanglantée, la Meſſe interrompue par des blaſphêmes ; & le Pape, ſaiſi à l'Autel, ainſi que les Cardinaux, eſt enfermé dans le quartier que l'Empereur occupe. C'eſt alors, que Suger eût pu trouver des exemples de fermeté. l'Archévêque de Salzbourg, indigné de la conduite de ſon maître, révolté des louanges qu'on lui prodiguoit, ne craignit point d'élever ſa voix. *Frappe*, dit-il à un Allemand qui lui préſentoit ſon épée, *frappe, ſi tu veux ! Je ne paroîtrai point approuver, par mon ſilence, une action ſi déteſtable.* Les reproches ne font rien contres les paſſions. Le cours des violences continue : Rome enfin, révoltée, arma pour la défenſe du Pontife ; des flots de ſang coulèrent : l'Empereur, forcé d'abandonner la ville, ravagea la campagne ; & toujours maître de Paſcal, il employa les plus durs traitemens, pour le plier à ſes volontés : le Patriarche d'Aquilée ſe chargea de l'amener à ſatisfaire Henri ; c'eſt par tous ceux qui l'environnent, qu'il va le contraindre à ſe ſoumettre. Pour cet effet, il remplace, par des

égards, les duretés exercées contre Pafcal, &
les raffemble toutes fur les Cardinaux; c'eft, par
la faim, qu'il les réduit : las de leur captivité,
ils forcent le Pape à céder; le droit des inveftitures eft enfin accordé. Le Prince retourne en
Allemagne, avec la Bulle conquife, & le ferment
de Pafcal de ne l'excommunier jamais. Aux violences près, la conduite de Henri devroit fervir
de modele à tous les Souverains, dans leurs querelles avec les Papes : leur faibleffe cefferoit
d'être impofante; l'arme ridicule de l'excommunication feroit émouffée; &, pour des priviléges
dont l'achat autorife le mépris, on ne les verroit
plus épuifer les richeffes de l'Univers.

Le malheureux Pafcal étoit deftiné aux orages.
A peine l'Empereur fe fût-il éloigné, que les
Cardinaux, ceffant de craindre, lui reprochérent
la ceffion des inveftitures, qu'eux - mêmes lui
avoient arrachée ; de fimples Moines s'éleverent
en cenfeur de fa conduite. On caffa fon traité
avec l'Empereur : il fallut un Concile, pour donner une forte de fanction à ce procédé ; les lettres circulaires furent envoïées, & Suger, obli-
gé de s'y trouver, penfa férieufement enfin,
à quitter Toury, dont le rétabliffement l'occupoit tout entier ; mais il s'en fépara, avec tant
de lenteur, qu'il n'arriva qu'après l'ouverture du
Concile ; il eft vrai, que le rôle qu'il avoit à y

jouer, n'éxigeoit pas un grand empreffement ; fans aucune influence , fans la plus foible confidéra- tion , il n'y fut abfolument qu'un perfonnage paf- fif ; & même , on fçauroit à peine qu'il y affifta , s'il n'avoit pris foin de nous laiffer un grand éloge de la fauffeté Italienne dont il fe déclare l'ad- mirateur.

Pafcal avoit juré de ne plus excommunier l'Em- pereur ; mais pour fatisfaire fon reffentiment , fous l'apparence de la bonne foi , il parut au milieu du Concile , dans la pofture d'un fuppliant ; il avoua qu'il avoit manqué de fermeté dans fa con- duite avec Henri ; & dépofant la thiare & les habits Pontificaux , il déclara que , s'étant engagé à ne rien entreprendre contre ce Prince , il étoit indigne de gouverner l'Eglife : feignant enfuite de craindre qu'on le foupçonnât d'héréfie , il fit fa profeffion de foi ; il y reconnut expreffément tous les décrets des Papes , furtout ceux de Grégoire VII , & d'Urbain II ; & protefta qu'il condam- noit tout ce qu'ils avoient condamné ; c'étoit , fans détour , adopter & renouveller l'excommuni- cation qu'ils avoient lancée contre l'Empereur. Le Concile le fupplia de reprendre le gouvernement de l'Eglife , & s'en remettant à l'infpiration du Saint Efprit , le raffura fur l'obligation d'être fidele à fa parole ; mais le Saint Pere , pour la tenir & fe tranquillifer , fit déclarer l'excommunication

par les Peres affemblés , & fe garda religieufement
de la prononcer.

Cette rufe Italienne , ce rafinement politique
excita l'enthoufiafme de Suger ; perfuadé que la
foupleffe , que l'art de compofer fon vifage fur
celui du Prince , & le talent de fe revétir de toutes les formes , font le plus sûr moïen de s'élever , fon admiration pour la charlatanerie de Pafcal , lui mérita toute la bienveillance de Sa Sain-
teté : ces jouiffances de l'orgueil ne le confolè-
rent cependant pas , lorfqu'à fon retour en France,
il fallut trembler encore pour fa chere Prévôté. Il
reconnut combien la faveur des Rois eft incon-
ftante , & combien la Nature qui fçait tout ba-
lancer , rend leur animofité paffagère. Le Seigneur du Puifet étoit rentré en grace ; le crédit
de la Reine , qui fe plaifoit à l'effaïer fur tous les
objets , l'avoit emporté fur la foible bonté du
Roi : du Puifet avoit obtenu de rebâtir fon château & même de le fortifier.

L'abfence eft le plus grand tort qu'on ait auprès des Souverains ; leur oubli en eft la premiere peine. Suger éprouva bientôt toutes les anciennes véxations de fon ennemi , qui renouvella
contre lui , fon alliance avec le Comte de Chartres. Loin de fentir que tous les tems ne permet-
tent pas la même conduite ; au lieu d'ufer de cet
aftuce qu'il venoit d'applaudir à Rome , il em-

ploïa la violence : on le vit enlever le Lieutenant du Baron du Puiset , & le faire conduire honteufement dans les prifons de fon Monaftère. A de femblables éclats, on ne croiroit pas s'entretenir d'un Religieux ; mais , dans ces tems de barbarie , les paffions armoient tous les états ; & tout ce que les efforts de l'Eglife purent obtenir , fut qu'on s'abftiendroit , quatre jours par femaine, de fe faire ainfi la guerre & de s'égorger.

Affligé dans ce qu'il avoit de plus cher , Suger n'auroit pas rougi d'armer encore le Roi , pour fa querelle ; mais, le fang qu'il avoit déjà coûté , lui fit craindre un refus ; & du moins, une fois, l'audace d'un Moine connut des bornes. Du Puifet le fervit lui-même : fon ingratitude appella les Anglois en France. Louis-leva une armée ; & , dans un malheur national , Suger s'applaudît d'efpérer une vengeance particuliere.

Le Roi , échappé aux dangers de la bataille d'Andelle (5) , débaraffé des ennemis , qui n'avoient pas fçû profiter de la victoire, ne s'occupa plus qu'à punir les traîtres qui lui avoient fufcité

____

(5) Louis-le-Gros, y fut battu. Dans la déroute, un Anglois faifit la bride de fon cheval, en difant : *Le Roi eft pris. On ne prend jamais le Roi*, dit froidement Louis-le-Gros, *pas même aux échecs ;* &, d'un coup de fa maffe d'armes, il étend l'Anglois à fes pieds.

cette guerre : il s'empara de leurs villes & de leurs personnes, en enferma plusieurs, priva les autres de leurs biens, & pour les vouer plus furement au mépris, en força quelques-uns à prendre l'habit Monachal, espece de châtiment, en usage alors, & juste appréciation de l'éxistence obscure où l'humanité s'abrutit dans les cloîtres ! enfin, pour la troisième fois, il assiégea le château du Puiset. Les vœux de Suger appelloient cet instant. Cette nouvelle tentative fut aussi meurtriere que les précédentes. L'audacieux rebelle croïant que sa résistance commençoit à rebuter les assiégeans, voulut risquer une sortie : le succès secondoit sa rage, lorsque le Roi, suivi de troupes fraîches, l'arrête & le repousse. Garlande, qui, d'une hauteur, voit se décider la victoire, veut la rendre complette ; il vole au seul passage qui restoit à Puiset pour sa retraite, & lui coupe le chemin. Hugues, au désespoir, pressé entre le Roi & le Sénéchal, voit la mort de tous côtés ; il se jette sur Garlande, le perce de sa lance, & s'ouvre un passage sur son corps renversé : ce spectacle suspend la poursuite de Louis ; il ne peut se résoudre à fouler aux pieds le corps de son ami ; car, la simplicité de ces tems barbares familiarisoit, au moins, les Rois avec ce nom. Ce meurtre, qui fit couler ses larmes, mit fin à cette guerre tant de fois renouvellée. Troublé, à la vue du sang qu'il venoit de répandre, du

Puiset sentit, qu'il n'avoit plus de grace à espérer: la fuite le sauva une seconde fois ; & son château , comme ses troupes, resta à la discrétion du Monarque.

Il est à remarquer , que l'ambition de Suger se montroit active, à mesure que son avarice étoit en repos : délivré de ses ennemis , les intrigues de la Cour redevenoient son occupation ; sa vanité cherchoit à se mettre en évidence ; il en saisit la premiere occasion.

L'imprudence de Pascal avoit attiré , de nouveau , l'Empereur , à Rome , avec une Armée ; son but étoit de déposer le Pape : la mort lui épargna ce soin. Cinquante Cardinaux , assemblés aussitôt dans un Monastére , remirent le Sceptre de l'Eglise au Cardinal Cajetan : sous le nom de Gelase second , il recevoit les honneurs attachés à sa nouvelle dignité ; lorsque dans l'Eglise même , il éprouva les violences les plus inouies. Après des persécutions sans nombre , & s'être armé d'une impuissante Excommunication contre le nouveau Pontife , que l'Empereur venoit de lui opposer , Gélase ne trouvant plus de sûreté dans ses États, résolut , à l'exemple de ses prédécesseurs, d'aller chercher un asyle, en France. Louis ne se contenta pas de lui accorder une retraite ; il voulut accompagner cette faveur , de toutes les grâces qu'on pouvoit attendre du Fils Aîné de l'Èglife.

L'arrivée du Pape étoit prochaine : ce moment éveilla l'orgueil de Suger ; dans l'enthoufiafme de fa faveur, il voïoit fon froc au niveau de la triple Thiare. Il brigua l'honneur d'aller au-devant de Gélafe ; & le plaifir de voir un Pontife, humilié, recevoir, de fes mains, des fecours, dont il fe croïoit le difpenfateur, entroit fans doute, pour beaucoup, dans l'empreffement de fes demandes: il obtint donc l'épineufe commiffion d'aller complimenter un Pape mendiant, de l'affurer de l'obéiffance d'un Roi & de convenir, avec lui, du lieu, où ils fe réüniroient pour entâmer des conférences. A la faveur des préfens dont il étoit chargé, Suger fe tira, avec un plein fuccès, de cette négociation, qui demandoit, comme on le voit, beaucoup d'habileté ; il n'en montra pas moins, à rapporter la réponfe du Pape, & à rendre au Roi, la bénédiction Apoftolique, que le Saint-Pére lui avoit confiée pour Sa Majefté.

Gélafe, reçû & défraïé dans Cluni, avoit païé l'Abbé, de fa magnificence, en le fatisfaifant dans ce que les Moines ont de plus fenfible, un orgüeil paffionné, & lui avoit accordé des priviléges, qui n'appartiennent qu'à l'Epifcopat. C'eft, dans ce féjour, que, fuivi de fon Favori, le Roi fe difpofoit à venir trouver le fouverain Pontife, lorfqu'il mourut. Suger ne cacha pas même fa joïe, de cet événement; il débarraſſoit la France, des dépenſes qu'elle étoit obligée de faire, pour fubvenir à fon entretien : on avoit levé le dixiéme fur les biens du Roïaume ; & cette charge, impoſée à la Prévôté de Toury, animoit vivement le Patriotiſme de Suger.

Il falloit un ſucceſſeur au ſouverain Pontife. Défigné par Gélafe, Conon refuſa la Papauté, & propoſa le Cardinal Archevêque de Vienne. Ce Prélat crut devoir, à fon tour, imiter un exemple auſſi rare : il ſe fit prier ; mais enfin, cédant à une douce violence, il prit le nom de Calixte fecond. Iſſù du Sang Roïal de France, Couſin-germain de l'Empereur, on eſpéra qu'il réüniroit tous les fuffrages ; & Suger, que la fuperſtition de fon fiécle, enveloppoit de fes ténébres, fe livra, fur la foi d'un fonge, à cette chimérique eſpérance. Le nouveau Pape fe préparoit à retourner en Italie : mais Louis le preſſa de ne point quitter la France, qu'il n'eût terminé les troubles de l'Egliſe par un Concile-général : & la Ville de Rheims fut choiſie : Henri, qui avoit indiſpoſé tout l'Empire, par fes querelles avec l'Egliſe, forcé d'en fouhaitter la fin, réfolut de fe rendre au Concile convoqué. C'eſt à cette époque, que l'opinion du Roi, fur fon Moine favori, fe manifeſta, d'une maniére auſſi humiliante que mé-

ritée. L'Empereur approchoit : il falloit, sous prétexte de lui rendre des honneurs, lui envoïer des
Députés ; leur mission devoit être, de négocier,
avec lui, les conditions de la paix, & d'en convenir, d'une maniére si positive, qu'il n'eût à paroître à Rheims, que, pour la signer. Une affaire
aussi importante, demandoit un autre Ministre
que Suger : on pouvoit l'emploïer, lorsqu'il s'a-
gissoit d'aller recevoir & rapporter une absolution,
ou d'augmenter la représentation d'un cortége ;
mais, ce n'est pas à lui, que des intérêts si prés-
sans devoient être confiés. Guillaume Evêque de
Châlons, & Ponce, Abbé de Cluni, furent choi-
sis pour cette commission délicate ; ils revinrent
bientôt, avec l'agréable nouvelle des intentions
pacifiques de Henri. Deux Cardinaux allerent aussitôt au-devant de lui ; & dans un écrit double,
on convint des conditions de la paix : l'Empereur promit de se trouver, à Mouzon, pour con-
férer avec le Pape, & exécuter, de bonne-foi,
ce qu'on venoit d'arrêter.

Cependant, le Concile s'ouvrit. Le Roi, qui
avoit conduit Suger, comme spectateur, à cette
assemblée imposante & majestueuse, prononça un
discours, à son arrivée ; son éloquence mérita
des applaudissemens : on sçavoit que ce Prince,
qui avoit étudié les belles-Lettres, étoit capable
de composer lui-même, ses harangues ; mais,

Suger ne rougît point de chercher à s'en appro-
prier la gloire, en laissant entendre, qu'il étoit
l'auteur de celle-ci.

Louis, qui lui-même avoit demandé ce Concile, pour s'occuper des troubles où la querelle
des investitures avoit plongé l'Eglise, voulut,
d'abord, s'éloigner de ce but important au bien
général : les conseils de Suger, qui gémissoit de
son inutilité, l'engagèrent à se plaindre du Roi
d'Angleterre, & à vouloir, qu'on s'occupât de ces
divisions, avant l'objet immédiat qui avoit mo-
tivé l'assemblée. L'adresse du Pape prévalut sur
les intrigues du Moine : le Roi revint à la cause
générale ; & l'on fit lecture des promesses de
paix stipulées avec l'Empereur. Ces actes étoient
en latin ; pour remédier à l'ignorance des Èvêques,
(je parle de ceux de ce siécle barbare,) le Pape
ordonna à l'Évêque de Châlons, de les interpré-
ter en François. On croïoit tous les différens terminés, sur la parole de l'Empereur : Calixte alla
le chercher, à Mouzon ; mais, apprenant, que
Henri étoit à la tête d'une armée de trente mille
hommes, il conçut de la défiance ; & se mettant en sûreté dans le château de la Ville, il lui
députa le Cardinal d'Ostie, & l'Évêque de Cha-
lons. Henri les reçut, avec une fierté insultante ;
&, feignant de les méconnoître, leur demanda
ce qu'ils souhaitoient ? Pour toute réponse, le

Cardinal lui préfenta l'écrit, par lequel il s'étoit lié : l'Empereur ofa nier fa fignature. Étonné d'un déni fi bas & fi peu attendu, le Cardinal refta muet. Il eût été curieux de voir Suger, dans une femblable circonftance, entouré de foldats furieux, dont les yeux menaçans fembloient ne demander qu'un fignal : eût-il, en préfence d'un Souverain, ofé repouffer fon impofture ? C'eft le courage qu'eut l'Évêque de Châlons. Il offrit de jurer, fur l'Évangile, que l'Empereur s'étoit enchaîné par une promeffe facrée ; il invoqua même le témoignage de tous ceux qui l'accompagnoient ; &, ce qu'il faut rapporter, comme un événement fans exemple, & fans récidive, il n'y eut perfonne qui ne vînt à l'appui de la vérité. Ce jour étoit réfervé aux miracles ; car l'Évêque de Châlons échappa à la fureur d'un Souverain, qu'il venoit de forcer à rougir. Le Pape, épouvanté, fe hâta de repaffer la Meufe, & de retourner à Rheims.

Dès que Suger fut inftruit, que l'Empereur étoit fi près, avec une armée de trente mille hommes, fa politique lui fit prévoir, que la France étoit menacée ; & le Roi lui eut l'obligation de cette confidence, dont il lui fit part, avec miftère : effraïé de la préfence de l'Empereur, il tenta de s'oppofer à l'excommunication que le Pape vouloit renouveller contre lui : il eût mieux fait, dans l'origine, d'empêcher le Roi, de prêter la ville de Rheims, pour l'assemblée qui avoit attiré cet ennemi : c'étoit un danger qu'il falloit prévoir ; ce n'étoit pas Suger, qu'il falloit consulter. Malgré son avis, Henri fut excommunié : ses Sujets furent non-seulement dispensés, envers lui, du serment de fidélité ; mais il leur fut même défendu de lui obéir ; étrange usurpation d'un pouvoir imaginaire, qui semble n'établir sa force que par les abus même qui devroient l'anéantir ! Cette sainte vengeance mit fin aux travaux des Pères assemblés à Rheims. Aussitôt que leur décision fut parvenue à l'Empereur, il fit le serment d'abolir la mémoire de ce Conciliabule, & de laver, dans le sang des François, l'affront qu'il avoit reçu chez eux : il retourna en Allemagne, pour lever une armée plus considérable ; mais, le tems qu'il perdit, à ces préparatifs, sauva la France des périls qu'elle avoit à craindre.

Calixte, après un assez long séjour en France, retourna enfin à Rome ; l'anti-Pape y dominoit : il eut peu de peine à l'en chasser ; ses véxations l'avoient rendu odieux : il le poursuivit dans les différens aziles qu'il cherchoit en Italie ; & pendant que cette guerre de Pontife à Pontife le retenoit loin de sa Capitale, Louis lui envoïa un Ambassadeur. Il paroît que l'affaire à traiter n'étoit pas importante ; car, aucun Historien n'en fait mention, & ne laiſſe rien ſoupçonner, de ſa nature : auſſi Suger fut honoré du choix de ſon Maître, & chargé de cette négociation obſcure. Arrivé à Rome, il apprit que le Pape étoit dans la Pouille : il étoit naturel d'en attendre le retour ; mais Suger connoiſſoit Rome, & plus occupé de ſatisfaire ſa curioſité, que du danger de retarder le ſuccès de ſa miſſion, il s'amuſa à parcourir l'Italie, & alla trouver enfin le Pape, à Bitonte. Calixte ſavoit trop bien, à quel dégré de faveur il étoit auprès du Roi, pour ne pas flatter l'orgueil du Moine, par une réception éclatante ; il chercha, par des attentions & des égards, à l'attacher à ſes intérêts, & p rut même deſirer de le retenir auprès de lui : mais, Suger apprit une nouvelle, qui le fit partir, avec précipitation.

Il eſt à préſumer, que les créatures qu'il s'étoit ménagées, dans l'Abbaïe de Saint-Denis, l'avoient inſtruit de la fin prochaine d'Adam. Il lui étoit important de préſider aux intrigues qui pouvoient décider ſon élection, & de les animer, par ſa préſence ; il n'en eut pas beſoin : il reçut, en route, la nouvelle de cette haute fortune, que ſes vœux invoquoient, depuis longtems. Les Moines de Saint-Denis avoient eu pluſieurs raiſons d'accorder cette préférence à Suger : ils ſçavoient quel étoit ſon crédit à la Cour ; ils le connoiſſoient trop bien, pour ne pas être sûrs, qu'il ne s'en serviroit que pour augmenter les revenus de leur Eglise ; &, ce qui les avoit surtout décidés, c'est qu'ils espéroient, sous sa conduite, se délivrer des règles gênantes, que le nouvel Abbé n'avoit jamais supportées qu'avec mépris. Suger vit, dans son élévation, l'explication d'un songe qui l'avoit tourmenté, la nuit précédente : cette foiblesse incurable le retint toujours, au niveau de son siècle.

Les transports de sa joïe se convertirent bientôt en douleur & en trouble; il apprit que le Roi avoit cassé son élection : cette sévérité étoit une Justice. On s'étoit assemblé, sans la permission de Louis; & cette irrégularité avoit excité son ressentiment : les députés, qui avoient apporté la nouvelle de l'élection, avoient été jettés dans les prisons d'Orléans, où ils étoient encore retenus. Ce récit plongea Suger dans les plus vives allarmes : son espérance trahie, la ruine de sa faveur, la perte d'une prospérité dont il voïoit l'aurore, la haine des Religieux, que ses intérêts avoient chargés de chaînes, & que tant de rigueur armeroit contre lui, l'occupoient bien davantage que la perte d'Adam, son bienfaiteur. Rien ne se tarit sitôt que les larmes d'un riche héritier : celles de l'ambition allarmée coulèrent en abondance : il se détermine à s'arrêter, à Lyon : c'est, de-là, qu'il envoïe des Emissaires à la Cour, pour fonder les

dispositions

difpofitions du Roi. Ce Prince pouvoit perfifter dans fon refus; il falloit s'affurer d'un remede. Suger fçavoit combien le Pape étoit jaloux de la liberté des Eglifes, dans les élections. Il fait partir des députés pour Rome, & réfolut de fe faire un appui du Pontife contre un Souverain qui l'avoit comblé de fa faveur. Qui ne fçait, que le refus de ce qu'ils défirent, fait oublier aux ingrats tout ce qu'ils ont obtenu? Suger cependant n'eut que l'intention de l'ingratitude : fes Emiffaires, à la Cour de France, revinrent biéntôt le tranquilliser; il apprit, que le Roi étoit appaifé, & qu'en adoptant fon élection, il avoit rendu la liberté aux prifonniers.

Suger fe hâta d'aller jouir de fon triomphe. Quel moment pour fa vanité! Le Roi, paffant à un excès contraire, ne crut point s'abaiffer, en allant au-devant de lui; il entraîna toute fa Cour : grand nombre d'Evêques le fuivirent; & ce cortége impofant attendit, dans Saint-Denis, l'arrivée d'un Moine obfcur : fes Religieux fe joignirent à cette pompe; mais, dans l'ivreffe de tant d'honneurs, il ne dut voir, dans leurs hommages, qu'un devoir impofé à la foumiffion tremblante.

Après quelques jours, abandonnés au fafte de fa nouvelle dignité, il rendit au Roi, le compte ignoré de fon ambaffade : il alla, d'un œil fec, fur le tombeau de fon Prédéceffeur, remplir froidement, une cérémonie d'ufage ; & fans aucun intervalle, après s'être livré, vingt ans, à la diffipation des Cours, & aux excès d'une licence foldatefque, il reçut le facerdoce, des mains de l'Evêque de Senlis. Revêtu, comme par dérifion, de ce caractère vénéré, une cérémonie plus intéreffante fut l'objet de fes foins : le jour fuivant, fous les yeux de la Cour, il affura fes droits à l'Abbaïe, par la bénédiction de l'Archevêque de Bourges.

Il fuffit de connoître Suger, pour voir, dans fon élévation, combien la fortune eft aveugle ! Cette réfléxion feroit naturelle, fans que le malheur d'un grand homme avertiffe la penfée de s'en attrifter : mais quelle indignation ne doit - elle pas infpirer, lorfqu'en voïant Suger, au faîte des honneurs, il faut defcendre dans les cachots, pour y trouver Abeilard ? Abeilard ! cet infortuné, puni par tant de perfécutions, de fes talens & de fa fenfibilité, échappé à la rage de Fulbert, avoit cru trouver un azile, à Saint - Denis ; mais, ce n'eft pas, au fond des Cloîtres, que l'envie eft moins agiffante : la ftupidité humiliée eft furieufe : quel autre effet pouvoit produire Abeilard, parmi des Moines ? Attachés aux excès d'un défordre brutal, il fallut en rougir, en fa préfence ; & témoin impofant, il fut bientôt coupable. Une relique de Saint-Denis, dont ces Moines ne pou voient s'occuper que pour nuire, servit de prétexte à leur fureur: on accuse Abeilard, d'avoir attaqué son authenticité; & quand la faveur d'Adam repose, avec complaisance, sur un Suger, les mains d'Abeilard portent des chaînes! Il venoit de les rompre; il en traînoit les restes dans les États du Comte de Champagne, lorsqu'il apprit la mort de son persécuteur.

Les Cloîtres, dans la bassesse de leurs intrigues, ont quelque ressemblance avec les Cours; les changemens de regne amènent quelquefois des révolutions favorables aux opprimés. Manassés crut devoir profiter de ce moment, pour conduire Abeilard à Suger; ils s'étoient connus, ils étoient du même âge: l'oppression où il avoit gémi, rendoit sa supériorité excusable; & l'élévaton de Suger prouvoit assez, qu'il n'y avoit pas eu de rivalité entr'eux; il offrit à Abeilard de veiller à son repos, & de lui r'ouvrir les portes de l'Abbaïe; mais, celui-ci étoit bien loin de vouloir y rentrer. Les promesses d'un Moine & d'un Moine courtisan ne devoient pas inspirer la confiance; & quand il eût été de bonne-foi, pouvoit-il contenir ses Religieux, qui, dans leur oisiveté, ne s'occupoient que de projets atroces? Abeilard ne demandoit que la liberté de se retirer de Saint-Denis; il sçavoit trop bien que le scandale qui l'avoit révolté, ne pouvoit que s'accroître, sous le nouvel

Abbé ! il falloit moins d'éclat & moins de tumulte à ses profonds chagrins ; & le souvenir d'Héloïse éxigeoit plus de solitude & d'austérité ; mais soit que Suger mît de l'orgueil à appésantir son joug sur un grand homme, soit qu'il craignît que sa retraite ne fût défavorable à Saint-Denis, & ne persuadât que les honnêtes-gens ne pouvoient y demeurer, Abeilard, malgré l'appui de Manassés, n'obtint qu'un refus.

Anselme de Garlande, que son crédit sur l'esprit du Roi faisoit nommer *le Conducteur de Sa Majesté* s'occupa de faire cesser tant de persécutions, & prouva que du moins quelquefois, les grandeurs n'éteignent point l'amitié. Soutenu de son avis, Abeilard cita son Abbé au Conseil du Roi. Suger prit cette démarche pour le dernier effort du désespoir ; & révolté de tant d'audace, il se promit d'écraser son Religieux, du poids de son autorité : il ne douta pas, qu'il ne lui fut livré à l'instant ; & dans la sécurité de sa vengeance, il s'occupoit déjà du châtiment dont il épouvanteroit sa témérité ; mais Suger trouva Louis prévenu : la faveur ne soutint plus son impuissance. Le Roi, sans égard pour les titres, ne vit que deux sujets au pied du trône ; & nuds devant la Justice, Abeilard & Suger eurent à luter, corps à corps : c'est dire assez, qui l'emporta. Effraïé de tant de supériorité, Suger craignit que dans le monde

Abeilard ne publiât les défordres de fon cloître,
& n'invoquât la févérité de la réforme : que fe-
roit-ce fi lui-même étoit chargé d'en prefcrire la
rigueur ? Ce mot feul de réforme épouvantoit Suger : troublé de l'idée qu'il offroit , vaincu par
tant d'éloquence , il ne crut pas devoir attendre fa
condamnation ; & il fe hâta de figner l'accord qui
cimenta la liberté d'Abeilard.

Son orgueil gémît cependant , en fecret , de
n'avoir pu obtenir une injuftice. Le titre d'Abbé ,
la faveur même du Roi , anéantis devant le génie ,
ne fervirent qu'à lui en faire reconnoître la fupé-
riorité. Confus du triomphe d'Abeilard , il partit
pour Rome , où l'accueil de Calixte effaça infen-
fiblement le fouvenir de fon humiliation.

Il fut invité au Concile de Latran , qui venoit
d'être convoqué : cette longue querelle des inveftitures y fut enfin terminée ; & l'Empereur perdit les droits dont il avoit été fi jaloux. Suger
n'eut point de part à ces décifions importantes ; il
eut à s'occuper de celles dont les Moines furent
l'objet. Leur ambition , leur infubordination &
leur audace avoient révolté l'Eglife : les Evêques
indignés , faifoient retentir l'affemblée de leurs
réclamations & de leurs plaintes : ells fembloient
devoir être écoutées ; mais , dans les Conciles , la
pluralité des voix eft l'organe du Saint Efprit ;
& plus de fix cens Abbés le firent parler en faveur

des Moines , contre les Evêques , qui n'étoient qu'au nombre de trois ou quatre cens.

Suger, après avoir reçû du Pape même, la bénédiction Abbatiale , voulut, avant de retourner en France, voir la partie de l'Italie qu'il ne connoissoit pas , visiter le Mont-Cassin, Eglise-Mere des enfans de Saint-Benoît , & prier sur le tombeau de tous les Saints qui se trouvoient semés sur sa route : il avoit rendu ses hommages au corps de Saint-Barthelemi à Rome ; ce même corps fut aussi l'objet de ses dévotions, à Bénevent : il n'éxaminoit pas s'il étoit possible que ces deux villes le possédassent , en même tems ? La crédulité & l'ignorance excluent la critique ; & le triomphe de la Foi , est de croire l'impossible. Après ce cours de visites pieuses , dans lesquelles il étala plus de faste que d'intelligence, il reprit le chemin de Saint-Denis, où il rapporta des Indulgences & des Bulles , uniques présens de la Cour de Rome , en retour des richesses qu'on lui portoit de toutes parts.

Pendant qu'il se reposoit , dans son Abbaïe , des fatigues de son voïage, l'orage affreux dont Henri V , avoit menacé la France, étoit sur le point d'éclater : il n'avoit pas oublié les affronts qu'il avoit reçûs, au Concile de Rheims , & la vengeance qu'il avoit juré de tirer de Louis : la paix qu'il venoit de faire avec le Pape , réünissoit à fon Armée, forte déja de cent mille hommes, celle que l'Empire avoit affemblée, pour le combattre. Le facrifice, qu'il avoit fait des inveftitures lui affuroit la neutralité du Saint-Siége ; & le fecret profond, dont il enveloppoit fes démarches, fembloit lui en garantir le fuccès. Il négocioit auprès du Roi d'Angleterre : il efpéroit lui faire attaquer la Normandie, pendant qu'il pénétreroit par la Champagne, dans le cœur du Roïaume ; il fe flatta de n'y trouver aucune défenfe : il étoit difficile, en effet, que dans un païs, où chaque Seigneur avoit fes intérêts, & faifoit, de fon Domaine, un état indépendant, le Roi furpris & preffé de toutes parts, eût le tems de pouvoir oppofer des forces fuffifantes. Les Peuples effraïés s'attendoient à voir le Roi abandonner fes Etats, pour fe retirer en Flandres. Louis eut le courage de refter : fa fermeté en infpira à la Nation ; fes vaffaux follicités fe hâterent de raffembler des fecours & de les lui amener. Le zèle & l'empreffement fuccédérent à la terreur : les dangers communs réveillerent, & donnerent une nouvelle activité à l'amour des François pour leur Maître. Les Grands oubliérent leurs mécontentemens : toutes les Villes armèrent ; Rheims & Châlons mirent, fur pied, foixante mille hommes ; & les Eglifes, elles-mêmes, dans ce moment de crife confacrérent une partie

de leurs revenus au fervice de l'Etat. L'exemple entraîna Suger : il fut contraint de lever auffi des
troupes, à Saint-Denis, & dans tous les biens de
fa dépendance ; mais, en les conduifant au Roi,
il ne fongea qu'à faire valoir fa prévoïance. Il fe
flattoit d'avoir, dès le Concile de Rheims, annoncé
la vengeance de l'Empereur : un mot vague, dicté
par la timidité, rappellé par Suger même, quand
chacun l'avoit oublié, le fit paffer pour un homme
profond ; & Louis le Gros, que Suger environ-
noit des échos de fon orgueil, ne put fe défendre de le croire auffi.

Des exercices de piété furent les feuls dont on
occupa l'Armée deftinée à combattre les forces
réünies de l'Empereur & de l'Empire. On alla,
avec la plus grande folemnité, prendre, à Saint-
Denis, l'Oriflamme, qu'on a dit être remonté au
Ciel, après en être defcendu avec la Sainte-Am-
poule : ce n'étoit que la banniére de l'Abbaïe (6).

-----

(6) En tems de guerre, où, lorfqu'il s'agiffoit de défendre les biens du Monaftère, le premier vaffal des Religieux de Saint-Denis, ou, leur avoué, venoit recevoir
cette bannière des mains de l'Abbé ; Louis, lorfqu'il réunit
à fa Couronne, le Comté de Vexin, avec tous les droits qui
y étoient attachés, ne fupprima pas les charges : il voulut bien devenir, par-là, le premier Vaffal & le grand
Gonfalonnier des Moines ; & il ne dédaigna point d'aller,
en cette qualité, prendre lui-même, cette bannière, méta-
morphofée, depuis, en Oriflamme.

Heureusement ; cette Armée, formidable par le nombre, en imposa à l'Empereur : il craignit d'exposer les troupes agguerries de l'Allemagne, devant cette multitude ; & trouvant en défense un Roïaume, qu'il s'étoit flatté de surprendre, il reprit, avec précipitation, le chemin de ses Etats.

La guerre se borna aux dévotions qui l'avoient commencée. Le Roi vint remercier le Ciel, à Saint-Denis, d'avoir délivré la France, d'un si grand péril; & sa pieuse reconnoissance, en arrosant de larmes le pied des Autels, se manifesta par les plus riches présens. Suger n'a pas voulu, qu'on ignorât ces dons : leur publicité étoit un avis, d'imiter sa magnificence. Ce Prince, dit-il, restitua la Couronne de son Pere à l'Abbaïe : ainsi, parce qu'un de nos Rois avoit légué sa dépoüille à des Moines, il prétendoit à celle de tous ses successeurs & se faisoit un droit, d'une aumône arbitraire.

La fuite de Henri étoit sûrement due à Saint-Denis : Suger l'affirma, & ne manqua pas de lui faire honneur, aussi de sa mort arrivée, l'année suivante. On étoit persuadé, dans ce siécle, que, lorsqu'on descendoit la Châsse de ce Saint, en réclamant sa protection contre des Usurpateurs, ceux-ci devenoient éthiques, & périssoient, indubitablement, dans l'année : Henri mourut, sans avoir accompli cette loi d'éthisie ; mais il mourut ; & cet événement accrédita encore le pouvoir du Saint.

Comblé des bienfaits de fon Roi, joüiffant de toute fa confiance, n'aïant plus d'autre intérêt que de la cultiver, Suger entreprit un quatrième voïage à Rome : cette fois, il étoit invité par le Pape. La prévenance du Saint Pére encouragea ce Moine vain, à porter les yeux fur les plus hautes dignités de l'Eglife : perfuadé que le Chapeau de Cardinal lui étoit deftiné, il follicita vivement, auprès du Roi, la permiffion de l'aller chercher. Jamais voïage ne fut plus hâté ; mais jamais efpérance ne fut plus douloureufement déconcertée. En arrivant en Italie, il apprit la mort de Calixte, & l'élection d'Honoré fecond.

Ce Pape n'avoit pas, de Suger, la même opinion que fon prédéceffeur. Privé de fes efpérances, il revint fur fes pas ; les bontés de fon faible Maître s'emprefférent de le confoler : il obtint l'Intendance de la Juftice ; & la France vit un Moine, à la tête du département de la guerre. On le confultoit auffi, lorfqu'il s'agiffoit de Traités avec les Cours voifines : on fuppofoit, d'après fes courfes à Rome, dans un tems où l'on voïageoit peu, que perfonne ne connaiffoit, mieux que lui, la politique étrangère ; &, de fa préfence paffive à quelques Conciles, on en faifoit un grand Négociateur. Dans cette idée, on le choifit, après la mort de Henri, pour l'envoïer à la Diette qui devoit élire un autre Empereur. Cette Miffion, dont on s'exagéroit les difficultés, n'en offrit aucune : l'Empire, qui n'avoit pas été moins mécontent de Henri, que la France, n'étoit point difpofé à lui choifir un fucceffeur, de fon fang; Suger n'eut qu'à fe ranger à l'avis général, en faveur de Lothaire : mais, ce qui occupa toute fon adreffe fut de fe faire reftituer, par Mainard, Comte de Morfpec, un bien, fur lequel l'Abbé de Saint-Denis avoit des prétentions. Suger intrigua tant, que Mainard, follicité, menacé, intimidé même, propofa un échange. Le Moine Ambaffadeur éxigea des terres que le Comte avoit en France, & qui étoient à la bienféance de l'Abbaïe; elles ne valoient que le double de celles qu'il réclamoit ; mais, le Légat du Pape, & l'Archevêque de Mayence, déclarerent fa demande jufte, malgré l'inégalité des lots, & trouverent que Suger rétabliffoit l'équilibre, en donnant, en retour, au Comte, des lettres de confraternité, & part aux prières de fes Religieux.

Fier d'avoir brillé avec des Souverains, que fon fafte avoit écrafés, Suger, de retour à Saint-Denis, voulut donner à fes concitoïens des preuves de fa magnificence. C'eft le propre de la petiteffe, de prétendre effacer la grandeur ; elle peut l'humilier quelquefois ; mais, le mépris la venge.

La Fête, qu'il imagina, fut une chasse au Cerf, où l'on vit un Moine surpasser le luxe de nos Rois. La forêt d'Iveline fut choisie, pour ce spectacle; il invita tous ses amis, les principaux Seigneurs de la Cour, & les Gentishommes, Vassaux de l'Abbaïe: tous furent reçûs sous des tentes superbes, dressées dans la forêt, & meublées avec toute la recherche de l'opulence; il les fit servir avec autant de somptuosité que de délicatesse, pendant huit jours que dura cette folie. La dépense énorme, qu'elle entraîna, annonce, quelles étoient les richesses de ce dépositaire du bien des pauvres.

Du sein des Fêtes, Suger passa bientôt dans le tumulte des Camps. L'Evêque de Clermont, chassé de son Siége, par le Comte d'Auvergne & le Vicomte de Polignac, implora la justice & surtout les secours de Louis; & l'on vit, encore une fois, le Moine Suger, la cuirasse sur le dos, le casque en tête, & l'épée au côté, accompagner son Roi.

Le Siége de Clermont fut résolu : l'attaque & la défense se soutenoient, avec une égale vivacité; quand Suger, qui courut le danger de perdre la vie, & qui n'en dut la conservation qu'à la bonté de ses armes, tremblant d'y être exposé encore, osa conseiller un expédient digne de lui. On avoit surpris une centaine d'assiégés, dans une embuscade ; on leur fit couper, à tous, la

main droite , & la leur mettant dans la gauche ;
on les renvoîa, dans Clermont , avertir leurs con-
citoyens , qu'on traiteroit , de même , tous ceux
dont on pourroit fe faifir. Ce ftratagême barbare ,
fuggéré par un Moine , fut exécuté par le généreux Amauri , Comte de Mont-fort , Lieutenant
général du Roi, qui l'approuva lui-même.

Cette atrocité termina la guerre. Depuis ce
tems, on ne vit plus Suger , en même tems ,
Moine & Soldat : le danger qu'il avoit couru, lui
fit fentir l'incompatibilité de ces deux titres. Il
fuivit encore le Roi , lorfque la mort du Comte
de Flandres, indignement affaffiné , lui mit, de
nouveau , les armes à la main , pour le venger (7) ;

***

(7) Charles , le-Bon. Ce furnom , qui lui fut donné
par fes Sujets , annonce , qu'il mérita d'être compté parmi
le petit nombre des Princes qui s'occupèrent du bonheur
de leurs peuples : après s'être dépouillé lui-même , de fes
bijoux les plus précieux , pour foulager le fien , dans une fa-
mine, il fit rechercher & punir ceux qui avoient profité des
malheurs publics , pour s'enrichir. Cet acte de juftice excita
des mécontentemens d'autant plus dangereux , que ceux ,
qui les éprouvoient , étoient plus méprifables. Le Prevôt
de Bourges , fon premier Chapelain , trop foible pour pouvoir exciter une révolte , arma des affaffins , que fa famille lui fournit : ils l'attaquèrent dans l'Églife même , où
ce Prince , profterné , le front contre terre , s'humilioit
devant Dieu. L'un des meurtriers s'avance , & le touche

mais, fidèle à la régularité feinte, dont il maſ-
quoit ſa lâcheté, il ne couvrit ſon froc, d'aucune
arme. Miniſtre de paix, au milieu des gens de
guerre, il fut loin de leur prêcher la modéra-
tion : lui ſeul imagina les châtimens qui furent
infligés aux coupables ; ils furent atroces (8). Un
ſeul des aſſaſſins fut traité moins inhumainement :
la précaution qu'il eut de ſe faire Moine, lui va-
lut cette faveur.

Après tant de ſang verſé, pour *rebatiſer la*
Flandre, débatiſée par le meurtre horrible de ſon
Souverain, ſelon l'expreſſion de Suger, il revint
à Paris. Ce n'étoit plus un Moine guerrier, mais
toujours un Moine ambitieux, jaloux du crédit
& des richeſſes, occupé du ſoin de les conſerver

---

légèrement : Charles, occupé de ſes prières, croïant qu'un
pauvre lui demande l'aumône, lève un peu la tête, pour
la lui donner ; cet inſtant eſt ſaiſi par le parricide, qui lui
porte un coup mortel ; & ſes lâches complices accourent
& l'achèvent.

(8) Bouchard, celui des meurtriers, qui avoit porté
le premier coup, ſubit un ſupplice, à la fois, ſingulier
& barbare : il fut lié étroitement à un poteau, & livré à
un chien attaché à un autre, mais libre de ſes mouve-
mens, qui, excité ſans ceſſe par des ſoldats auxquels il
ne pouvoit atteindre, alloit épuiſer ſa rage ſur le corps nud
& ſans défenſe. La barbarie Monachale étoit ſeule capable
de cette recherche.

& de les augmenter. Il étoit frappé du fort de l'Abbé de Cluni, & de celui du Mont - Caffin : ami de l'un & de l'autre, témoin & complice de leur défordre, leur exemple le fit trembler pour lui ; dépouillés de leur Abbaïe, ils venoient de mourir excommuniés. Sa confcience l'avertiffoit qu'il avoit mérité d'être traité comme eux ; il redoutoit, dans l'excommunication, la chûte de la faveur dont il jouiffoit, &, dans fa dépofition, la perte, auffi fenfible de la fource de fes richeffes : le feul moïen de s'en garantir, étoit d'abandonner la conduite qui avoit fait le malheur de Pons & d'Oderife. Il n'y avoit qu'une réforme, dont jufques-là, l'idée feule l'avoit épouvanté, qui put le maintenir dans la poffeffion de fes biens & de fon crédit : il étoit, après tout, aifé de l'affeéter, de l'introduire dans le Monaftère, & de s'exempter de s'y conformer. Il conçut ce projet ; uu motif plus puiffant l'y déterminoit encore.

Etienne de Garlande, dépofitaire de la plus grande partie de l'autorité, membre du Clergé qu'il fcandalifoit, héritier de la faveur d'Anfel & de Guillaume de Garlande, ne la confervoit qu'en remplaçant les vertus d'un Eccléfiaftique, par les complaifances d'un courtifan ; l'abus qu'il en faifoit, en annonçoit le terme. Suger prévoïoit, depuis longtems, fa chûte ; lui-même, il la préparoit, en filence : graces à fes foins, le Roi

commençoit à ouvrir les yeux, & paroiffoit mécontent de la conduite de fon Favori. Il falloit le
remplacer, & ne partager avec perfonne; le tems
étoit donc venu, d'affecter la réforme : il fçavoit
qu'il y a des momens, où le Prince, abufé, fe fçait
intérieurement mauvais gré de fa foibleffe; il n'i-
gnoroit pas, que la Reine, outrée des hauteurs
de Garlande, qui ofoit en avoir avec fa Souve-
raine même, s'occupoit de le renverfer, & que
le Roi ne tarderoit pas de céder à fes plaintes.
L'événement, qu'il avoit prévu, arriva. Louis,
après avoir effuïé des chagrins, de la part d'un
Prêtre, fe livra tout entier à un Moine adroit,
qui tira ce fruit de fa prétendue réforme.

Il ne la mit, en effet, que dans Saint-Denis:
la maniere dont il s'y prit, nous apprend ce qu'on
doit penfer de la fincérité de fes intentions. Au
lieu de confier la direction de fes Religieux, à
des hommes habiles, qui auroient pu joindre
l'inftruction à l'exemple, il la remit, de préférence,
aux plus bornés. La crainte d'être pénétré lui
dicta feule un choix fi étrange; il avoit des vues,
qu'il devoit favorifer.

Depuis longtems, il nourriffoit le projet de
réunir le Prieuré d'Argenteuil, à l'Abbaïe de
Saint-Denis. Son avidité monachale n'étoit rien,
auprès de fa vengeance. Ce Prieuré étoit fous la
direction d'Héloïfe; & il n'avoit pas oublié le
triomphe

triomphe d'Abeilard : il se flatta d'en obtenir un à son tour. Un titre antique, incertain , & détruit, au moins depuis deux siècles, appuïa ses préten-tions. Le sentiment de son injustice réclamoit en vain, au fond de son cœur ; pour le prévenir dans les autres , il calomnia les Religieuses , & les accusa d'une licence de mœurs, dont la moindre information les auroit justifiées : il n'avoit affiché la réforme, que, pour se donner le droit de por-ter cette accusation ; en état de tout faire , il osa tout. Un Tribunal, qu'il avoit instruit , prononça le jugement , qu'il avoit dicté : les Religieuses déclarées coupables , furent chassées de leur Mo-nastère, qui se remplit aussitôt de Moines de S. Denis.

On plioit, en France , sous l'autorité de Su-ger : on eut de la peine, à Rome, à ratifier ce jugement ; on en retrancha ce qu'il y avoit d'in-jurieux, pour les victimes : les imputations de dé-sordres furent effacées ; & l'on prescrivit d'assurer leur subsistance dans une retraite honnête. Suger n'avoit songé qu'à les dépouiller : forcé de pour-voir à leur entretien, il chercha les moyens d'y parvenir, sans qu'il fut à sa charge ; &, sous l'espoir d'une grosse pension, qu'il ne paya jamais, il détermina l'Abbesse du Fotel , à en retirer un petit nombre.

Héloïse, à la merci de ses persécuteurs, trou-va des secours, dans la sensibilité de son amant,

Suivie de quelques compagnes, le défert du Pa-
raclet fut fon azile : reléguée dans la Cellule,
que fon Abeilard avoit habitée , ce bonheur innocent la confola de tant d'injuftice. C'eft dans
ces lieux , que tout parloit à fon ame; & que
fans ceffe aux pieds des Autels, l'Epoux qui les
avoit élevés , lui fembloit encore moins abfent
que Dieu même. Il faut , ici , en contrafte avec
les atrocités de Suger , lui oppofer un Abbé
compatiffant , que fes douces vertus ont fait nommer vénérable : défenfeur d'Abeilard, dont il ac-
cueillit l'infortune , Pierre de Cluni fut égale-
ment touché des malheurs d'Héloïfe : dans tous
les tems , il confola fa douleur; & quand la mort
eut frappé fon Epoux, ce fut encore de fa pitié
qu'elle en obtint les triftes reftes. Placé entre
deux hommes , dont la palme des Saints & la
faveur des Rois , ont confacré le fouvenir , le
vénérable Pierre eut, fans doute, une gloire moins
éclatante ; mais , fenfible , malgré fon habit &
fon fiècle , tolérant malgré fa vertu , qu'aux yeux
du Philofophe , il eft au-deffus de ces noms pro-
clamés , que fon nom fimple fait difparoître !

Cette affaire étoit , à peine , terminée, car alors
les procès des Moines étoient une affaire dans
l'État, comme ceux de Rome en étoient une pour
toute l'Europe , que le Pape Honoré mourut. La
rivalité des Cardinaux , de la Nobleffe , & du

Clergé, divifa Rome entre deux Pontifes. Innocent & Anaclet fe difputoient la thiare. Innocent
II, qui n'oppofoit, au reproche d'une élection
clandeftine , que le faible avantage d'avoir été
choifi le premier, vint , felon l'ufage des Papes
fe refugier en France ; & fon adreffe, à prendre
S. Bernard pour arbitre , lui affura le Sceptre
de l'Eglife.

Dès qu'Innocent eut été reconnu par le Clergé , il fallut l'envoïer complimenter ; c'étoit prefque le droit de Suger : il ne fut pas moins empreffé que, dans les autres circonftances ; il fe
flatoit de reffufciter les efpérances que lui avoit
données Calixte , & que fa mort avoit fait éva-
nouir. Innocent étoit en France ; il ne pouvoit
ignorer le crédit du Moine , & ne pas fentir qu'il
en avoit befoin : il lui fit donc un accueil qui
flatta fa vanité , & lui promit de l'aller voir à
Saint-Denis ; honneur dont Suger l'auroit difpen-
fé , mais dont fon avidité fçut encore tirer parti.
Le S. Pere , qui s'y rendit , dans la Semaine-
Sainte, ne put refufer de célébrer la Cène , avec
toutes les cérémonies, en ufageà Rome, & principalement celle qui confiftoit à diftribuer des pièces
d'or à tous les affiftans. (1) Ainfi , dans un tems où
l'on s'épuifoit à donner de l'argent au Pape, dans

____

(1) Elle fe nommoit la *Presbitère.*

tous les lieux où il paſſoit, l'adroit Suger parvint à le mettre lui-même à contribution.

Innocent pouvoit, à la vérité, ſupporter cette foible dépenſe; il ne s'appercevoit plus en France, qu'il étoit privé des revenus Pontificaux; de tous côtés, on le combloit d'offrandes; & les mains qui les préſentoient, lui paroiſſoient toujours pures. Plus moderé qu'Anaclet, qui, dans Rome emploïoit les Enfans d'Iſraël, à fondre les croix d'or & d'argent du tréſor de Saint-Pierre, quand les Chrétiens refuſoient de les briſer; Innocent ſoutenoit ſon faſte en France, par le ſecours des Juifs qu'il accueilloit; & le Vicaire de Jéſus-Chriſt vivoit aux dépens de ſes perſécuteurs.

Pendant qu'on s'occupoit, à Rheims, des préparatifs d'un nouveau Concile, la France & le Roi firent la perte la plus ſenſible. Le jeune Dauphin Philippe, âgé de quatorze ans, s'amuſoit, dans un fauxbourg de Paris, à pourſuivre un de de ſes Ecuyers; un cochon, échappé de ſon auge, vint ſe jetter dans les jambes de ſon cheval, & le fit tomber : le jeune Dauphin mourut de cette chûte, la nuit ſuivante. Suger, qui ſe reſſouvenoit du naufrage Evangélique d'un grand nombre de ces animaux, dont le diable s'étoit emparé, l'accuſa de nouveau, d'avoir pris ce déguiſement accoutumé; il le reconnut, ſous cette forme, &

affirma, que c'étoit lui, qui, pour troubler le Roïaume, en faisoit périr l'héritier. Cette singuliere idée n'a pas besoin de commentaire.

Suger sentit ce qu'il perdoit, dans un Prince, élevé sous ses yeux, témoin de son crédit, & disposé d'avance, à le lui conserver. Il s'empressa de conseiller au Roi, de faire couronner son second fils, alors âgé de dix ans ; il se flatta que, tôt ou tard, le Prince enfant se souviendroit de cet avis. Cette cérémonie se fit, en effet, dans le Concile de Rheims, avec l'appareil le plus imposant : le Pape y présida lui-même ; & pour la première fois, on y vit les douze Pairs, que depuis, on n'a pas cessé d'y appeller.

L'Abbé de Saint-Denis n'avoit pas conseillé une nouveauté. Nos Rois étoient déjà dans l'usage de faire sacrer leur fils aîné, de leur vivant : mais la manière inopinée, dont Suger annonça l'évenement, le peu d'égards & de ménagement qu'il emploïa pour s'assurer des Grands dont il choquoit les prétentions, & des Evêques qui se disputoient le droit de couronner leur maître, sa mal-adresse ordinaire exciterent les plus dangereux murmures, & plongerent le Roi dans les inquiétudes les plus fondées. Suger suggéra, dit-on, à Louis le gros, de se défaire des deux hommes qu'on regardoit comme l'ame de ces troubles, qui pouvoient dégénérer en révolte : l'Evêque d'Orléans & le Prieur de Saint-Victor furent affaſſinés. Je n'imputeraî ces deux meurtres, ni au Roi, ni à Suger ; quel qu'en fût l'auteur, il demeura caché : Saint-Bernard, ſurpris ou trompé, en accuſa Thibault, Archidiacre de Paris. Il ſuffit de dire, que l'Archidiacre étoit l'ennemi de Suger ; c'eſt prouver aſſez qu'il ne pouvoit être coupable de la mort de deux hommes, dont les deſſeins, funeſtes au Roïaume, devoient l'être encore davantage à l'Abbé de Saint-Denis, qu'il haïſſoit.

La ſanté chancelante de Louis le gros annonçoit ſa fin prochaine. Une maladie dangereuſe le mit aux portes du tombeau ; il ſe préparoit à y deſcendre, par des actes de piété émanés de ſa foibleſſe : Suger en profita, pour attirer à ſon Abbaïe, les dons les plus magnifiques. Le Roi cependant ſe rétablit, contre toute attente, & reçut encore les Députés du Duché d'Aquitaine, qui venoient en offrir l'héritiere à ſon fils.

L'empreſſement qu'on eut à conclure une alliance qui réuniſſoit de riches provinces à la couronne, fit hâter le départ du jeune Louis pour Bordeaux. Suger brigua l'honneur de l'accompagner ; il commençoit à s'appercevoir, que le vieux Roi s'affoibliſſoit ; que ſon fils alloit prendre l'autorité : pour conſerver la ſienne, il falloit ne le pas perdre de vue, ſe rendre néceſſaire, s'emparer de l'eſprit d'une Princeſſe, dont la beauté com-

mandoit les hommages , & qui pouvoit ; par son
empire sur le cœur de son époux, en gouverner
les volontés. Il fit entendre à Louis le gros, dont
il n'esperoit plus rien, qu'il étoit important, que
son fils eût un guide éclairé ; il s'agissoit d'accou-
tumer ses nouveaux sujets au Maître qu'on alloit
leur donner ; & quel homme pouvoit mieux que
Suger , conduire cette entreprise , qui n'étoit
pourtant pas difficile ! Il se fit croire utile ; il partit. La joie de ces nôces pompeuses fut interrompue par la mort de Louis le gros. Suger , en par-
tageant l'affliction du fils , en saisissant à propos
ces instans précieux de douleur , où l'ame est
plus susceptible d'impression , sçut augmenter
celle qu'il avoit déjà faite : il fit entendre , avec
adresse , qu'un Ministre , instruit de toutes les affaires du Roi, étoit plus propre que tout autre à
guider son successeur. Louis VII se laissa recon-
duire à Paris : Suger , effraïé des dangers qu'une
juste haine y préparoit pour lui, s'empressoit de
la déconcerter par sa présence , & pour éloigner le Roi de tous délais, il ne l'entretenoit
que des révoltes à craindre : celle qui éclata à
Orléans , & qui fut bientôt appaisée , sembla
donner quelque poids à ses conseils.

Un autre événement vint encore augmenter son
autorité. Sollicité par la jeune Reine , de retirer le Comté de Toulouse, des mains d'Alphonse,

qui l'avoit ufurpé ; Louis , contre l'avis de Suger, arma pour cette conquête : le Moine s'applaudit du peu de fuccès de fon Maître , & fçut en profiter , pour affermir l'afcendant qu'il s'occupoit d'envahir.

Pendant cette expédition malheureufe , Suger qui , fous le regne précédent avoit rebâti l'Abbaïe de Saint-Denis , aux dépens du Peuple , empreffé d'y contribuer , voulut auffi en relever l'Eglife : il avoit , felon l'ordre , commencé par fe loger , ainfi que fes Religieux ; il pouvoit alors penfer au Temple : il fut conftruit avec une magnificence , rare pour le tems ; & les malheurs de la France , les troubles de l'Etat , l'appauvriffement des Citoïens , n'imterrompirent point cet édifice : l'aveuglement ouvroit , pour cet objet , toutes les fources qui fe fermoient aux befoins de l'Etat ; les démêlés de Rome avec le Roi , fembloient détruire l'amour naturel aux François pour leurs Maîtres.

Ce même Innocent II , qui devoit , à la France, le Siége Pontifical , oubliant fes anciennes obligations , jaloux comme fes prédéceffeurs , d'étendre fon autorité fur les Etats de tous les Princes , avoit , au mépris de l'approbation du Roi , caffé l'Élection de Quercinas , à l'Eglife de Bourges ; il venoit d'y nommer Pierre de la Châtre , qu'il avoit facré lui-même. La Cour

& la Nobleffe prirent le parti du Roi : Suger, en courtifan faible , n'ofa combattre S. Bernard , dont il étoit l'efclave. Cet homme , dont la tête brûlante produifit beaucoup de mal , & devant qui l'autorité Pontificale étoit tout, entreprit d'en foutenir les droits , avec une amertume qui bleffa la Majefté Roïale ; fon éloquence violente augmenta la divifion. Louis VII, excommunié, vit fon Roïaume en interdit. *C'eft un jeune homme,* difoit le Pape, *qu'il faut châtier, pour lui apprendre à vivre :* mais , ce jeune homme , irrité, jura d'apprendre au Pape, à fon tour, ce qu'il devoit à un Roi de France. Il eft inftruit , que le Comte de Champagne ofe donner azile à Pierre de la Châtre : la flamme & le fer dévaftent les Etats du Comte ; rien n'eft épargné ; les Evêques, dévoués à Rome , font bannis de leurs fiéges , & leurs biens font la proie du vainqueur.

Ce fut alors, que le bouillant Abbé de Clairvaux s'àpperçut, qu'il avoit été trop loin : effraïé des fuites de fon imprudence, il effaïa de la réparer ; il écrivit au Pape & au Roi ; tous deux étoient infléxibles, dans leurs prétentions : Saint-Bernard flatta la vanité de Suger ; & le Roi , foumis, s'humilia devant Rome.

Ces troubles, amenés dans l'Empire par le Sacerdoce, étoient à peine terminés, qu'on en vit s'élever de nouveaux. Le faible Suger laiffa confommer , fans obftacle , l'injufte divorce de Raoul , Comte de Vermandois , & l'indécent mariage qui fervit fa paffion pour la fœur de la Reine. Saint-Bernard , deftiné par fon caractère impétueux , à commettre fans ceffe , des imprudences , tonna contre cette alliance , fouleva tous les efprits , & provoqua le courroux de Rome. Raoul fut excommunié : le Comte de Champagne arma , pour fa nièce répudiée. Louis , pour l'honneur de Pétronille , & le zèle infenfé de l'Abbé de Clairvaux , ralluma feul , tous les feux d'une guerre mal-éteinte. Jamais il n'en fut de plus horrible : trois mille infortunés , réfugiés aux pieds des autels , périrent à Vitri , dans l'Églife enflammée. Saint Bernard , dont ce crime étoit prefque l'ouvrage , en fit des reproches fanglans à Suger ; fa lâcheté les méritoit. Le Roi fentit , au fond de fon cœur , le cri du remord , & s'humilia devant l'Abbé de Clairvaux , dont il eft étonnant que la confcience reftât tranquille ; ce Prince aveugle ne crut pouvoir réparer une action cruelle , qu'en abandonnant fon Roïaume ; & pour fe laver du fang de fes Sujets , il courut encore le prodiguer , dans les deferts de l'Orient.

On fçait combien l'Abbé de Clairvaux eut de part à cette Croifade , fon ardeur à la prêcher les triomphes qu'il promit aux Chrétiens , & l'impreffion qu'il fit fur les efprits. Toutes les têtes font exaltées ; les femmes même veulent aller en Afie ; Saint-Bernard fe fait un moien puiffant de leur zèle : la raillerie vient à l'appui : elles envoïent des quenoüilles à ceux qui refufent de les fuivre ; & tout céde au torrent de l'exemple.

Suger étoit bien éloigné de ne pas defirer l'exécution d'une entreprife, dont il prévoïoit, pour lui, des avantages inoüis : il étoit fûr de la confiance de fon Maître : fa réforme en impofoit à tout le monde ; toutes les voix étoient gagnées, pour vanter fa fageffe & fes lumières : il travailla fourdement, à s'emparer de l'autorité , & pour ainfi dire du Trône , pendant l'abfence du Fantôme qui l'occupoit.

On devoit nommer un Régent du Roïaume : Suger n'avoit qu'un but, celui d'écarter les concurrens. On pouvoit choifir , parmi les défenfeurs de l'État ; dans l'Eglife , il n'avoit point de rivaux. Il fuggéra de faire un choix dans chacun de ces Ordres ; ce plan fut agréé : c'étoit fe faire nommer. Son émule pouvoit l'inquiéter ; il fixa les fuffrages, fur le Comte de Nevers ; le vœu, que ce Comte avoit formé , de fe retirer à la Chartreufe, étoit public : il étoit fûr que ce Collégue imbécille difparaîtroit , heureux d'avoir un facrifice de plus, à faire à Dieu , avant de quitter le monde.

Suger n'avoit rien fait, s'il n'éloignoit tous les surveillans incommodes : il appuïa donc les inftances de la Reine, qui vouloit être de la Croifade, & détermina Louis, à la conduire avec lui. Seul dépofitaire de l'autorité, l'inftant de la déploïer, n'arrivoit, pour lui, qu'avec lenteur : tant d'impatience étoit tourmentée, des délais de fon Maître. Son départ mit le comble à fes vœux ; & Suger éxerce enfin la régence du Roïaume. Il femble, quand fa carrière s'aggrandit, que les événemens qui la rempliffent, deviennent, à fon choix plus minutieux. Des querelles de Moines, des batailles de Couvents, des intrigues pour les dépoüiller, des manœuvres d'avarice, une maladreffe éternelle, même dans fa cupidité, voilà, fans exagerer, ce que préfentent les premiers inftans de l'adminiftration de Suger. Ce qu'elle offre de plus faillant, fut fon acharnement contre les Chanoines de Sainte-Généviève : occupé d'envahir leurs biens, au profit de Saint-Denis, fa gaucherie ne travailla que, pour les Victorins. Son efpérance déconcertée le mit en fureur ; il réfolut de fe venger : mais quelle baffeffe, dans le choix de fes victimes ! des fubalternes de Sainte-Géneviève vinrent troubler, pendant la nuit, les priéres des nouveaux deffervants ; on les faifit : Suger, dans une feule nuit, fit couper quarante

oreilles ; & ces nobles trophées reftèrent fufpen-
dus, plufieurs jours, à la porte du Temple.

Le Pape étoit en France : Suger le preffa de
convoquer un Concile, à Rheims. Les affaires,
dont l'Eglife avoit à s'occuper, n'étoient pas d'une
grande importance : la première fut la condamnation d'un infenfé. Eon, Gentilhomme Breton,
affiftoit à l'Office ; frappé de ces mots, *per eum
qui venturus eft*, il fe les applique ; & faifi d'une
folie rare, il s'en fait une autorité, pour fe dire
le Fils de Dieu. Les Péres lumineux du Concile
le regardèrent comme un hérétique : on vouloit
brûler ce malheureux ; mais les Evêques de Bretagne, moins par humanité, que par égard pour
fa famille, demandèrent, qu'on fe contentât de
le renfermer. Le Régent fut prié de fe charger
du prifonnier ; & il *le mit en fi bon lieu*, dit
fon Hiftorien, qu'Eon mourut, peu de tems
après.

Bernard, qui, malgré le nom de Saint, n'en
fut pas moins fujet aux préventions, & toujours
entier, lors même qu'il fe trompoit, mit fous les
yeux du Concile, l'affaire de l'infortuné Guillaume, Archevêque d'York, qu'il fit dépofer, &
déclarer fimoniaque : il s'acharna contre un homme vertueux, honoré dans fa Patrie, & que le
tems confola, par une juftice tardive. Suger eut

l'honneur de le défendre ; mais , avec quelle faibleffe , puifqu'avec l'avantage de fa place & de
la raifon , l'Abbé de Clairvaux confomma fon injuftice ! .

Gilbert de la Porée fut auffi accufé d'héréfie ;
pour des propofitions, qu'il n'entendoit pas plus,
que ceux qui le condamnoient : cette querelle
fervit, du moins, à dévoiler les prétentions de
la Cour de Rome , & à les réprimer. On a loué
Suger , d'avoir donné un premier mouvement,
au Clergé de France , & de lui avoir infpiré ces
idées de franchifes , qui , depuis, ont affuré les
libertés de l'Eglife Gallicane : mais il ne fut que
l'inftrument aveugle , qu'emploïa Saint-Bernard ,
le bouclier dont il fe couvrit contre les foudres
du Saint Siége ; & c'eft, à l'Abbé de Clairvaux ,
qu'appartiennent les éloges.

Ces événemens furent les principaux de la Régence de Suger. La France étoit tranquille : l'excommunication, prononcée contre ceux qui en-
treprendroient fur les poffeffions des Croifés, pendant leur abfence , imprimoit un refpect timide ,
& veilloit, feule, à la fûreté publique. On ignore
ce que le Régent fit pour l'État ; on ne nous a
confervé que ce qu'il fit pour lui, pour confta-
ter fon autorité. Sans motif, il manda Geoffroi,
Duc de Normandie : l'ufage n'étoit d'appeller les

hommes de ce rang, que lorfqu'on avoit befoin de leurs fervices : l'Hiftoire laiffe ignorer ceux que l'État exigeoit. Geoffroi feignit une fanté languiffante, pour fe difpenfer de ce voïage ; l'excufe étoit elle-même une foumiffion ; mais le plaifir de contraindre un Prince puiffant à ne pas réfifter à fa voix, flattoit trop l'orgueil de Suger : il parla, du ton le plus haut ; & l'obéiffance de Geoffroi ne lui laiffa rien à defirer.

C'étoit peu de foumettre un Grand Vaffal ; il voulut appefantir fon autorité, fur un premier Prince du Sang. Le Comte de Vermandois, Général des Armées, pendant l'abfence du Roi, venoit de faire enlever la citadelle de Bourges, à l'Archevêque : Pierre de la Châtre en porta fes plaintes, à Suger. Sans refléchir, combien il importoit de conferver, entre les mains du Roi, une Fortereffe dont la poffeffion garantiffoit celle de la Ville ; fans examiner que ce Prélat étoit un étranger, nommé par le Pape, inftallé contre le vœu du Roi, & dangereux peut-être, Suger ne vit, dans une entreprife auffi fage, qu'un membre de l'Eglife infulté ; & les droits du Clergé lui étoient facrés : il écrivit au Comte, qu'il falloit que la Citadelle fut rendue à l'Archevêque. Le Général, offenfé de cette lettre, & d'une propofition qui lui paraiffoit fi peu politique, n'y eut aucun égard : Suger ordonna ; & tel étoit son ascendant , & la faiblesse du Prince , que le Comte de Vermandois obéit sans réplique.

Le tems de la Régence alloit bientôt expirer ; les orages l'attendoient, au terme. La Croisade avoit été malheureuse : les plaines de Sirie avoient englouti la plus grande partie de l'Armée Françoise ; le Roïaume étoit épuisé d'hommes & d'argent. Louis n'avoit acquis aucune gloire ; battu par les Turcs, déshonoré par sa Femme , dans une expédition si coûteuse , il n'avoit trouvé qu'un double opprobre : son opiniâtreté l'arrêtoit, loin de son Roïaume , où les troubles pouvoient éclater. Il n'avoit point d'enfans : de ses trois Fréres , l'un avoit embrassé l'état Ecclésiastique ; le second s'étoit enseveli dans un Cloître , & le troisieme , Robert, Comte de Dreux , commençoit à porter ses vues jusqu'au Trône. Au lieu de retenir, auprès de lui, cet ambitieux qui l'avoit suivi en Orient, Louis le renvoïa. De retour en France , il se livra à ses prétentions , & les dévoila plus ouvertement encore : on le vit décrier le Roi son Frére, lui imputer tous les malheurs de la Croisade, le peindre oubliant ses sujets, résolu de les abandonner pour rester en Orient, & inviter le Peuple, à lui choisir un successeur. Suger, effraïé, n'osant se servir de son autorité contre un Prince impétueux,

impétueux , s'adreffoit au Pape , à l'Abbé de Clairvaux , pour leur demander des Confeils : il fallut
que Louis, du fond de l'Orient, & le Pape, du
fein de Rome , indiquaffent , au Régent , le parti
qu'il avoit à prendre , en France ; c'étoit d'affembler les Etats-Généraux.

Ils affurerent la tranquillité de l'État ; mais
celle de Suger fut troublée. Le Prince irrité , fit
entrer dans fon reffentiment contre le Moine ,
tous ceux qui lui étoient attachés. Le Regent ne
pouvoit ignorer, qu'il avoit beaucoup d'ennemis ;
averti par fa confcience , il trouva fon châtiment
dans fes terreurs. Tremblant pour fes jours , on le
vit occupé fans ceffe à prévenir les attentats dont
il fe croïoit menacé : à peine raffuré fur les violences domeftiques , il prévit qu'on tenteroit
de le perdre dans l'efprit du Roi. Le témoignage
de l'Abbé de Clairvaux étoit important ; il fe le
procura : plufieurs baffeffes lui garantirent celui
de quelques Princes étrangers. Il ignoroit la route
que Louis prendroit à fon retour ; mais , fachant
que celle de mer pourroit le conduire en Italie ,
il n'eut pas de peine à s'affurer du Pape , qui lui
avoit des obligations, & qui pouvoit lui en avoir
encore ; par le Pontife , il gagna les fuffrages du
Roi de Sicile : c'eft ainfi qu'il oppofa l'adreffe à
celle de fes ennemis , & que l'aftuce monachale
éventa tous les piéges qu'on lui tendoit. L'évê-

F

nement juſtifia ſes précautions. Louis, en effet, avoit été prévenu ; & ſes inquiétudes hâterent ſon retour : arrivé dans la Calabre, il trouva le Pape & le Roi de Sicile, amis ardens de Suger ; ils eurent bientôt détruit toutes les impreſſions qu'il avoit reçues contre lui ; & il n'eut rien de plus preſſé, que de revenir, dans ſes bras, expier ſes ſoupçons.

Suger profita de ces momens, pour faire de l'Abbaïe de Saint Corneille de Compiegne, ce qu'il n'avoit pu faire de celle de Sainte-Geneviève. Depuis longtems, ſon avarice la convoitoit ; mais, Philippe, frere du Roi, en étoit Abbé : le Moine tout puiſſant pendant ſa régence, n'avoit oſer lutter contre lui. Il fallut toute l'autorité du Monarque, pour triompher de Philippe & de ſes Religieux ; Suger ne ceſſoit de l'emploïer, pour les plus petits intérêts, que, ſans doute, il croïoit s'aggrandir, lorſqu'ils lui étoient perſonnels.

Son pouvoir n'avoit pas ceſſé, depuis le retour du Roi. Si les ordres ne s'exécutoient plus en ſon nom, il continuoit de les donner. Confident des chagrins domeſtiques de ſon maître, il l'avoit engagé à ne pas laiſſer en Orient, une femme qui le deshonoroit. Il ramenoit deux filles avec elle : Suger les fit adopter généreuſement.

Le Roi cependant, fatigué des excès d'Éléonore, vouloit, en l'accuſant d'adultere, rompre

fes nœuds avec elle , l'enfermer dans un cloître ;
& folliciter , du Saint Siége , la liberté d'un mariage plus heureux : Rome , docile aux defirs des
Souverains , n'eût pas refufé une difpenfe extraor-
dinaire. Ce parti étoit le plus fage : Suger s'y oppofa , & confeilla de faire prononcer le divorce,
fous prétexte de parenté ; c'étoit laiffer à Eléonore
le droit de prendre un fecond mari , & de récla-
mer fa dot. Le Confeil , plus prévoyant , oppofa
la conféquence de cette reftitution : *Ah !* dit le
Roi, *elle eft fi décriée , que le plus pauvre gentilhomme de mon Roïaume n'en voudroit pas.*
Cette raifon , au moins finguliere , dans la bouche d'un Roi , parut de quelque poids à Suger :
l'événement donna bientôt des regrets. A l'inftant
où la Reine fut libre , Guillaume , Duc de Normandie , héritier du trône d'Angleterre , fe préfenta , pour lui donner la main : il enleva fa dot à
la France ; & les fils , qu'il eut de cette Princeffe,
furent au moment d'envahir le Roïaume. Paris
étonné , vit l'un d'eux , encore enfant , couronné
dans Notre-Dame ; & c'eft depuis ce tems , que les
Monarques Britanniques fe font enorgueillis du
titre de Roi de France.

Suger , à la vérité , ne vit pas le divorce ; mais ,
il l'avoit confeillé ; & ce malheur , car c'en fut un ,
par fes fuites , eft un reproche à fa mémoire. Son
âge , qui s'avançoit , fembloit l'éloigner des affai-

res : mais l'intrigue lui étoit effentielle ; & pendant que fes forces s'affoibliffoient , fon imagination confervoit fa pétulance.

Les Princes de l'Orient ne ceffoient de folliciter des fecours en Europe ; ils s'adreffèrent à Suger pour obtenir ceux de la France. Les peintures touchantes de leur fituation, émurent cette ame plus foible que fenfible : il conçut le projet de faire une Croifade , à lui feul , & d'aller courir la Terre Sainte. Le Pape, qu'il confulta , fut effraïé d'un rêve, enfanté par le délire d'un homme de foixante-dix ans : il crut pourtant devoir des ménagemens à un vieillard ; & ne lui montrant qu'une tendre inquiétude fur les fuites d'une réfolution peu conforme à fon âge , il l'approuva, & le bénit.

Dès l'inftant, Suger ne fongea plus qu'à fon départ : l'expédition devoit être à fes frais, & cela feul peut faire juger de fes richeffes ; le tréfor roïal ne valoit pas celui de Saint - Denis. Au milieu de fes préparatifs, il tomba malade ; fa fin , femblable à fa vie, fut un mélange de foibleffe & de fuperftition. Plus timide que religieux, effraïé de fa vie paffée , il demanda Saint-Bernard, pour fe r ffurer, & l'affifter, dans fes derniers momens ; mais, l'Abbé de Clairvaux fe contenta de lui écrire ; les Evêques de Soiffons, de Noyon, de Senlis, voulurent bien le remplacer. Il mourut dans les remords, & dans des exercices de pénitence, qui prouvent aſſez que ſa réforme ne tranquilliſoit pas ſa conſcience allarmée.

Le teſtament ſingulier, qu'il laiſſa, & qu'il avoit fait, au commencement de ſa prétendue régularité, confirme, en effet, qu'elle n'étoit qu'apparente. Il écrivit lui-même, dans la force de l'âge, ces diſpoſitions bizarres, qu'on croiroit être l'ouvrage du délire d'un mourant, & qui feroient incroïables, ſi l'on oublioit que Suger, Miniſtre d'Etat, ſous deux Rois, & Régent du Roïaume, étoit, en même tems, un Moine de Saint-Denis.

Pour laiſſer, de lui, un ſouvenir long & cher à ſes Religieux, il recommanda, que l'anniverſaire de ſa mort fut célébré, tous les ans, par un feſtin authentique : malgré l'abondance & la délicateſſe ordinaire des repas du Couvent, chacun devoit, en ce jour, *avoir deux pitances extraordinaires, & non point telles quelles, qualeſcumque*, comme il s'exprime, *mais bonnes, amples, & bien conditionnées, avec une bouteille d'hipocras* ; & il aſſigna des fonds, pour cet objet.

Ce fut cet article, applaudi des Moines, qui leur fit adopter un teſtament, dont Suger leur fit une loi, & qu'il n'avoit pas même le droit de propoſer.

Tel fut ce Régent du Roïaume : telle fut ſa vie. Bien loin d'être le premier homme de ſon ſiècle, il ne fut pas même le premier Moine ; puiſque Abeilard, le Vénérable Pierre, & Saint - Bernard exiſtoient avec lui. Doué de quelques talens, ſon adreſſe fut d'être ſouple & bas. Sa conſtance dans ſes projets, le mena lentement à l'élévation que le génie décide. Tourmenté d'une ambition aveugle, la ſuperſtition de ſes Maîtres, & les événemens ſeuls ont fait ſa grandeur ; ſon avarice ne la vit que dans les richeſſes. Digne, en tout, de ſon ſiècle, le crime des Croiſades fut le ſien, comme celui de ſon tems ; ſa jeuneſſe y applaudît ; ſon ambition en profita ; ſa vieilleſſe en donna l'exemple. Moine avide à la Cour, courtiſan faſtueux dans le Cloître, déplacé partout, il réunit, par une égale injuſtice, l'empire de la faveur, & celui de la religion. Le nom de Suger invite cependant à une réfléxion utile. Honoré du titre brillant de Miniſtre, quand ſa naiſſance le tenoit ſi loin d'un pareil eſpoir, peut-être donne - t'il lieu de ſouhaiter que ceux, que cette dignité décore, ſe rendent, comme lui, des êtres iſolés, & que privés d'entours qui les ſubjuguent, ils adoptent le peuple, pour famille. Cette vérité ſeule ne motive pas un éloge. Ce n'eſt que, lorſqu'un grand homme a vêcu pour le bonheur d'un règne, qu'il eſt beau de remonter le torrent des âges, pour l'arracher à l'oubli, & d'offrir ſon hiſtoire, comme un avertiſſement de l'imiter. Mais, qu'avons-nous befoin d'interroger les fiècles, & de leur demander un modèle, quand nous pouvons admirer le mortel vertueux qui dirige la noble po- litique de la Nation, & contempler ce nouveau Neftor, qui, lui feul, illuftre plus fon nom que les douze Miniftres, dont l'État eft redevable à fa Famille.

O Vergennes, avant de fe permettre un éloge, il faut s'être acquitté de l'hommage qui t'eft dû! Quel homme a fçu remplir une carrière auffi brillante? Du fond de la Suède, où, fans verfer de fang, il affermit un Roi fur le Trône, la France le rappelle & redemande un Citoïen. Abfent & fans intrigues, fon Maître s'honore, en fe repo- fant fur lui, des intérêts de fa Nation : eh ! quel choix fut mieux juftifié? Sa Patrie reprend fon rang dans l'Europe ; & fa prépondérance eft rétablie. Il faut venger une paix honteûfe : le jour de gloire eft venu. Les troubles de l'Angle- terre n'échapent point à fes regards ; il va la réduire à l'inertie que fa faible étendue lui com- mande. Son ame eft fenfible aux cris des oppri- més : ils vivront libres : & c'eft à lui qu'ils doi- vent des fecours : un Traité les affure, mais fans profiter de leurs befoins. Le malheur eft facré à fes yeux ; & l'infortune éleve cette Nation naif- fante au niveau de celle qui va la protéger. Ce n'eft pas, dans le fecret, que cette alliance eft cimentée : la générofité, qui l'a prefcrite, ofe la publier, chez des ennemis communs. Des flottes, dont nos Ports s'étonnent, en impofent à leur fureur. En Hollande, une divifion adroite nous affure fa neutralité. Il femble que ce grand homme tienne, dans fes mains, le deftin des Empires. Ces Ottomans, que lui feul arma contre la Ruffie, dépofent le glaive, dès qu'il a commandé; & la promeffe de les venger devient l'affurance d'une paix éternelle. Six cens mille hommes vont s'égorger en Allemagne : fa prudence a veillé fur eux; & ces milliers de foldats ne font plus que des frères qui s'embraffent. Nos ennemis n'ont plus d'alliés : l'Efpagne & la France, qu'il unit, vont, en fe raprochant, étouffer les perturbateurs du Monde; & dans fes mains fçavantes, toutes les branches des Bourbons ne font plus qu'un faifceau redoutable, que l'Univers ligué ne fçauroit même ébranler. Voilà le mortel qui mérite des Couronnes, & pour qui l'enthoufiafme de fon fiécle n'eft que la juftice de la poftérité.

F I N.

9 782012 828186